Quitandas de Minas
Receitas de família e histórias

Quitandas de Minas
Receitas de família e histórias

Seleção e organização
Rosaly Senra
Imene Senra

Fotografias de Pacelli Ribeiro

Volume 1
2ª edição revista
2ª reimpressão

Copyright © 2008 Rosaly Senra

FOTOGRAFIA
Pacelli Ribeiro

CAPA E PROJETO GRÁFICO
Patrícia De Michelis

REVISÃO
Alexandre Vasconcelos de Melo
Cecília Martins
Ana Carolina Lins

DIAGRAMAÇÃO
Patrícia De Michelis
Waldênia Alvarenga

Todos os direitos reservados pela Gutenberg. Nenhuma parte desta publicação poderá ser reproduzida, seja por meios mecânicos, eletrônicos, seja via cópia xerográfica, sem a autorização prévia da Editora.

Dados Internacionais de Catalogação na Publicação (CIP)
Câmara Brasileira do Livro, SP, Brasil

Quitandas de Minas : receitas de família e histórias: volume 1 / Seleção e organização Rosaly Senra e Imene Senra. – 2. ed.; 2. reimp. – Belo Horizonte : Gutenberg, 2021.
  Bibliografia.

  ISBN 978-85-65383-83-7

  1. Culinária brasileira - Minas Gerais 2. Culinária (Receitas) I. Senra, Imene II. Senra, Rosaly III. Título.

08-05931   CDD-641.5

Índices para catálogo sistemático:
1. Receitas : Culinária : Economia doméstica   641.5

A **GUTENBERG** É UMA EDITORA DO **GRUPO AUTÊNTICA**

São Paulo
Av. Paulista, 2.073, Horsa I
Sala 309 . Cerqueira César
01311-940 . São Paulo . SP
Tel.: (55 11) 3034 4468

Belo Horizonte
Rua Carlos Turner, 420
Silveira . 31140-520
Belo Horizonte . MG
Tel.: (55 31) 3465 4500

www.editoragutenberg.com.br
SAC: atendimentoleitor@grupoautentica.com.br

Quitandas

Palavra de origem africana (do dialeto quimbundo), *kitanda* significa o tabuleiro em que se expõem as mercadorias diversas (gêneros alimentícios) de vendedores ambulantes ou em feiras livres.

No interior do Brasil é também o pequeno estabelecimento comercial onde se vendem ovos, frutas, verduras, cereais, material de limpeza e pequenos objetos da lida doméstica.

Em Minas Gerais, além da definição acima, aplicou-se às comedorias ligeiras, em sua maioria de origem africana, mas desenvolvidas pelo gênio culinário das pretas velhas em colaboração com as sinhás-donas.

Na cozinha mineira quitanda quer dizer tudo aquilo que é servido com o café, exceto o pão: bolos, fatias, biscoitos, sequilhos, broas, sonhos, etc.

Em memória das marias-pretas, das vovós e titias de cabelos brancos e das meninas, moças, mulheres dos próximos séculos.

A Maria Helena Santos, grande incentivadora;
Às quitandeiras do Festival da Quitanda de Congonhas;
A Maria Zélia Senra Barbosa, minha mãe;
Às tias Áurea, Ana Rita, Beatriz, Vilma;
À Vovó Naná e suas irmãs: Tia Zoé, Dinha Lete, Tia Geny e Tia Cecy, Tia Lacyr que deixaram seus cadernos de receitas impregnados dos cheiros, dos sabores, das magias e das histórias fantásticas dos tempos da fazenda.

Sumário

Um pouco de história *10*

Receitas *13*
    Quitandas *14*
    O pão de queijo *102*
    Pães *107*

Conselhos úteis *120*

Informações básicas *121*
    Quadro de medidas *121*
    Tipos de fermento *123*
    Temperatura do forno *124*
    Tamanhos médios de formas para assar *124*

Ingredientes usados *125*

Índice remissivo *136*

Referências *140*

Um pouco de história

"'Seria tão bom, como já foi...', diz a Adélia. A alma mineira vive de saudade. Tenho saudade do que já foi, as velhas cozinhas de Minas, com seus fogões de lenha, cascas de laranja secas, penduradas, para acender o fogo, bule de café sobre a chapa, lenha crepitando no fogo, o cheiro bom da fumaça, rostos vermelhos. Minha alma tem saudades dessas cozinhas antigas..."

ALVES, Rubem. *Correio Popular*, Caderno C, 19 mar. 2000

"Nas casas de Minas a cozinha ficava no fim da casa. Ficava no fim não por ser menos importante mas para ser protegida da presença de intrusos. Cozinha era intimidade. E também para ficar mais próxima do outro lugar de sonhos, a horta-jardim. Pois os jardins ficavam atrás. Lá estavam os manacás, o jasmim do imperador, as jabuticabeiras, laranjeiras e hortaliças. Era fácil sair da cozinha para colher chuchu, quiabo, abobrinhas, salsa, cebolinha, tomatinhos vermelhos, hortelã e, nas noites frias, folhas de laranjeira para fazer chá."

ALVES, Rubem. *Correio Popular*, Caderno C, 19 mar. 2000

"O mineiro só acha que está sendo hospitaleiro quando mata o visitante de tanto comer."

COELHO, Lauro M. *Folha de S. Paulo*. Caderno C1, 2 dez. 1990

asci em Congonhas-MG, cidade Patrimônio da Humanidade, que abriga o maior conjunto barroco esculpido pelo mestre Antônio Francisco Lisboa – o Aleijadinho –, formado pelos 12 profetas esculpidos em pedra-sabão, na entrada da Igreja Basílica de Bom Jesus de Matosinhos, e pelas 65 imagens em cedro com pinturas de Mestre Athayde das Capelas dos Passos da Paixão.

Passei toda a minha infância na casa da minha avó materna, rodeada de tias e tios num velho casarão do século XIX. Meu avô veio morar ali logo depois que se casou, por volta de 1934. Suas duas primeiras filhas (minha mãe e minha Tia Imene) nasceram na fazenda Bela Vista, em Entre Rios de Minas, onde só se comprava sal, querosene e tecido.

Com minha avó, Dinorah de Oliveira Senra, vieram também duas de suas irmãs: Tia Cecy e minha madrinha Lete, Celeste de Oliveira. Elas não se casaram e viviam a cuidar da casa, das crianças e, principalmente, da cozinha e dos doces da casa da minha avó. Se a história diz que em Minas a cozinha é o santuário da casa, onde ocorrem os rituais dos encontros familiares, de feituras de conservas, o tempinho do café passado na hora e a preparação dos "santos doces", lá em casa não era diferente.

A cozinha principal era grande: havia uma pia sob uma janela que dava para a horta de couve e um fogão a lenha que deixava as paredes (pelo menos aquelas ali mais perto) pretas. No centro, uma mesa quadrada grande, e, num canto, o armário, alto, onde se guardavam os condimentos, as farinhas, os tachos e as panelas. Um quartinho ao lado da cozinha era a despensa, onde ficavam o milho para as galinhas, os ovos colhidos, as latas de biscoitos, as caixas de doces e as réstias de alho.

Minha avó e as tias-avós, além dos afazeres domésticos e de cuidar das crianças, viviam a fazer quitutes, quitandas e doces para bem receberem visitantes e hóspedes: seus irmãos, primos, parentes ou compadres que chegavam a Congonhas por ocasião do Jubileu do Bom Jesus, em setembro, ou para as festas de casamento e até para passar a lua de mel, ou ainda para uma visita rápida, que era, no mínimo, de dois dias.

Os doces, de laranja, marmelo, goiaba, mamão, banana, jabuticaba, eram das frutas crescidas ali mesmo, no imenso quintal, e apanhadas à mão pelas tias ou pelos empregados. Nessa casa, também havia galinheiro, com galinhas que estavam sempre com ninhadas perdidas; chiqueiro, onde cresciam porcos para abate, patos, o cachorro viralata, passarinhos soltos e os de gaiola, além do periquito australiano e do papagaio de poleiro. Havia também do lado de fora, perto do tanque, uma coberta, misto de oficina e cozinha aberta, que tinha, além dos tornos do meu avô e das ferramentas dos tios, num canto, um forno grande e outro fogão, ambos a lenha, que eram usados justamente quando se fazia um maior volume de doces ou biscoitos. O fogareiro era de uma boca só, para tachos grandes, na altura do chão, e a colher de pau que se usava era bem do meu tamanho. Acima, uma boca de forno

---

* O ponto do doce de colher se dá quando, ao mexer, começamos a ver o fundo da panela; fica um pouco mais mole que o doce de cortar, que é quando a massa começa a se desprender do fundo da panela.

enorme, que era limpa com vassoura de alecrim, antes de cada jornada de trabalho.

Eu ficava rodeando tudo, ouvindo as conversas, aprendendo os mistérios e até ajudava um pouco, criança que era. Meus doces preferidos: eram todos!

Fui criada rapando tacho e até arrombando caixas de "doces de corte". Ah! sim, os doces de corte, ou pastosos, eram colocados em caixas de madeira medindo cerca de 25 centímetros de largura por meio metro de comprimento, forradas com papel impermeável e fechadas com uma tampa de correr. Na medida da necessidade, os pedaços iam sendo tirados e colocados em pratos, que iam para a mesa, aos domingos, depois do almoço especial ou quando chegavam as visitas. Eu, moleca, formiga doceira, tirava o doce a colheradas*, pela parte de trás. Um dia pegaram uma caixa de bananada já pela metade, só com marcas das minhas colheres! Na certa sabiam quem era. Com tanta fartura, só ganhei uma advertência, um pito rápido!

– Não faça mais isso. A gente pensa que ainda tem e já acabou!

As receitas que apresento aqui são coletâneas de cadernos de receitas de amigas, das tias e das tias-avós, sempre do lado materno, algumas recolhidas de folhas soltas pelas gavetas da casa de minha mãe e tias e principalmente dos cadernos da minha avó Naná e da Dinha Lete.

Elas tinham cadernos diferentes. Minha avó, a dona da casa, era professora e tinha o caderno esmerado, com a mesma letra caprichada, mas na hora em que precisavam mesmo de uma boa receita era ao caderno da Dinha Lete que recorriam: receitas de todo jeito, com letra de todo mundo. Dinha Lete não era amante das letras, sabia as receitas de cor e só anotava as novidades, as variações. Normalmente pedia a alguém que anotasse, porque ela sempre estava com a mão cheia de gordura, tirando tabuleiro do forno, mexendo uma panela, picando uma verdura ou pegando alguma galinha para fazer um guisado. Algumas dessas receitas aparece em quase todos os cadernos, já que a troca de receitas era comum entre elas.

Sexta-feira era dia de fazer a quitanda, os biscoitos, sequinhos, que iam para a lata. No sábado era o dia do bolo, da broa. Domingo minha mãe passava ali para o café da noite, sempre depois da missa das sete, com a penca de meninos: Renato, Raquel e Regina, pequenininha, ainda no colo. Eu não ia, era ali, naquele paraíso, que eu morava.

Essa minha história é um pouco da história de todos os mineiros crescidos no interior, com as tradições, os costumes e as manias desse povo. Há muito moro na capital, Belo Horizonte, cidade grande, cheia de progressos e provincianismos (contraditório e complexo ao mesmo tempo). Carrego as lembranças de um modo de vida já um tanto raro neste mundo cibernético. Tenho um grupo de amigos, internautas paulistanos, na maioria, mas também de outras partes do mundo, que, quando me apresentei como uma "mineira", logo me pediram receitas de doces, de quitutes e quitandas das Minas Gerais. Este livro com receitas é um presente a eles e a todos os brasileiros que querem conhecer mais um pouco do interior simples, da magia das conversas ao lado do fogão a lenha, dos mistérios das montanhas. Como tal, serve para reafirmar o jeito mineiro, tão peculiar, tão querido e tão nosso.

Rosaly Senra

"A comida mineira está relacionada com o que se convencionou chamar 'hospitalidade mineira', ou 'a arte de bem receber', ritual cotidiano ligado à tradição. Convencionou-se relacionar à identidade mineira: o fogão, a comida e a cozinha.

A associação entre um típico mineiro e a cozinha pode ser percebida na literatura desde o século XIX, através de relatos de viajantes, cartas, crônicas, ensaios, memórias, livros e posteriormente, a partir da década de 1970 por uma sistematização dos estudos da gastronomia e costumes culinários do Estado, dentro de um projeto estadual de preservação da culinária típica mineira.

No entanto, as quitandas não são mencionadas nos relatos dos viajantes do século XIX, talvez porque, infelizmente, nesse período não há relato das mulheres, que na época eram analfabetas."

ABDALA, Mônica Chaves. *Receita de mineiridade: a cozinha e a construção da imagem do mineiro*.
Uberlândia: Edufu, 1977.

"É na cozinha que a Grande Mãe se encontra em perfeita harmonia com os quatro elementos, os cinco sentidos e as iluminações do amor."

FRAZÃO, Márcia. *Amor se faz na cozinha*.
Rio de Janeiro: Bertrand Brasil, 2003, p. 17.

Quitandas

Biscoitinhos argolinhas

2 xícaras de polvilho doce coado
1 xícara de banha derretida
½ prato raso de farinha de trigo
3 ou 4 ovos
2 colheres (café) de sal
½ prato raso de açúcar

Misturar o polvilho com o açúcar, a farinha de trigo e o sal. Juntar a banha derretida, mexendo e misturando bem. Acrescentar os ovos. Amassar bastante. Fazer as argolinhas, colocar num tabuleiro e levar para assar em forno brando.

Biscoitos de leite de coco
(Cristina Senra)

2 colheres (sopa) de manteiga
3 gemas
1 xícara de açúcar
400 g de maisena
1 vidro de leite de coco (200 ml)

Bater as gemas com a manteiga e o açúcar. Misturar a maisena e, aos poucos, o leite de coco, até o ponto de enrolar. Formar argolinhas ou outra forma de biscoito. Levar para assar em tabuleiro untado e forno regular.

Biscoito de bicarbonato
(D. Geralda Osório)

2 kg de farinha de trigo
1 xícara de açúcar cristal
2 colheres (sopa) de manteiga
1 colher (sopa) de bicarbonato de sódio
3 ovos
2 xícaras de leite

Colocar numa gamela o açúcar, a manteiga e os ovos. Misturar bem até dissolver o açúcar. À parte ferver o leite e dissolver nele o bicarbonato de sódio. Deixar esfriar. Depois de frio, juntar à massa, colocando a farinha de trigo aos poucos até dar consistência para enrolar. Fazer os biscoitos, pincelar com gema e levar ao forno quente para assar.

Biscoitos de clara

6 claras bem batidas como para suspiro*
3 xícaras de açúcar
5 xícaras bem cheias de araruta
1 colher (sopa) de sal amoníaco
Um pouco de suco de limão

Depois de bater as claras, juntar os ingredientes, mexendo tudo de uma só vez. Fazer os charutinhos e levar ao forno. Se achatarem no forno é porque a massa está mole. Endureça-a com mais um pouco de araruta.

*Claras batidas como para suspiro: as claras, bem separadas das gemas, são batidas com força até aumentarem de volume e ficarem firmes.

Biscoitos de coco

Biscoitos de coco *(do caderno da Vovó Naná, escrita a lápis numa tira de papel, datada de 1922 e assinada por Zoé)*

1 prato de coco ralado
1 prato de polvilho doce ou araruta
1 prato de açúcar
2 colheres (sopa) de manteiga
1 ovo
1 pitada de sal

Misturar tudo, amassando com os ovos até a consistência de abrir a massa. Sovar cada porçãozinha e abrir aos poucos. Cortar os biscoitinhos com forminhas próprias e diversas. Colocar em tabuleiros untados. Se quiser, dourar com gemas. Levar para assar em forno temperado.

Obs.: Essa receita tem consistência firme e deve ser feita por porções.

Biscoito de coco *(do caderno da Dinha Lete, com a seguinte notação: "A querida Lete a Cecy offerece. Saudades".)*

450 g de araruta
225 g de açúcar
Bastante manteiga
1 ovo
1 vidro de leite de coco (200 ml)

Misturar todos os ingredientes, sovando. Fazer as bolinhas, passar no açúcar cristal e colocar em tabuleiro untado. Assar em forno brando.

Biscoitinhos de coco

½ kg de farinha de trigo
3 ovos
125 g de margarina
1 colher (sopa) de fermento em pó
1 e ½ xícara de açúcar refinado
1 coco pequeno ralado
1 pitada de sal

Numa gamela, colocar a farinha de trigo, o fermento, o açúcar e o sal. Misturar o coco, a margarina e os ovos batidos como para pão de ló*. Bater bem. Se necessário, amolecer com um pouquinho de leite. Fazer os biscoitos em bolinhas e passar no açúcar. Colocar no tabuleiro untado e levar ao forno regular.

*Ovos batidos como para pão de ló: bater as claras em neve, ajuntar as gemas e continuar batendo até ficarem claras.

Biscoitinhos de araruta
(D. Lígia, de Pedra Branca, distrito de Entre Rios de Minas, onde nasceu minha mãe)

1 kg de polvilho de araruta
250 g de farinha de trigo
½ kg de açúcar
250 g de manteiga ou gordura
1 ovo
Sal
1 colher (sopa) de sal amoníaco
1 xícara, mal cheia, de água

Escaldar, separadamente, o amoníaco com uma xícara, mal cheia, de água fervente. Misturar tudo e amassar bem. Se necessário, colocar um pouco de água morna. Fazer os biscoitos. Levar para assar em forno regular.

Biscoito em forma de S
(do caderno da Dinha Lete)

1 prato de araruta
1 pires de farinha de trigo
1 pires de polvilho
1 pires de açúcar
2 colheres (sopa) de manteiga
5 ovos
2 claras
Leite

Colocar todos os ingredientes numa gamela e amassar muito bem, colocando leite até dar o ponto de fazer os biscoitos. Sovar. Fazer os biscoitos em forma de S e levar para assar em forno regular, em tabuleiro untado.

Biscoito de polvilho

½ kg de polvilho azedo
4 ovos
1 copo de água
2 colheres (café) de sal
½ copo de óleo
2 colheres (café) de suco de limão ou vinagre

Colocar o polvilho numa gamela. Escaldar com a água e o sal. Misturar bem, acrescentando o óleo, os ovos um a um e o suco de limão. Colocar no pano* e espremer diretamente no tabuleiro, que não precisa ser untado. Levar para assar em forno previamente aquecido, até ficar bem seco. Se a massa ficar dura, acrescentar um pouco de água fria.

* Pano de mais ou menos 40x40 cm com um orifício de 1 cm de diâmetro, por onde se espreme a massa, fazendo os biscoitos direto no tabuleiro.

Biscoito de polvilho

Biscoito de Oliveira

1 prato de polvilho bem cheio
1 prato de gordura bem quente
1 prato d'água fervendo
14 ovos
Sal

Folha solta dentro do caderno da Dinha Lete. Junto da receita tinha um recado: "Lacyr vou dormir aí para irmos à missa domingo e fala também com a Laura que ela pode ir dai mesmo...", sem assinatura.

Numa gamela, escaldar o polvilho com a gordura bem quente. Despejar água fervente por cima. Sovar. Juntar os ovos, amassando bem. A massa deve ser bem salgada. Enrolar os biscoitos. Colocar em tabuleiros untados e levar ao forno quente para assar.

Biscoito da Vovó (Vovó Ernestina)

2 pratos de polvilho
1 prato de farinha de trigo
1 prato de açúcar
1 prato de gordura derretida (pelo vinco)
1 colher rasa de bicarbonato de sódio
Ovos
Sal
Cheiros (erva-doce, canela, etc.)

Vovó Ernestina é a mãe da minha avó Naná. Não cheguei a conhecê-la. Contaram-me que fazia os biscoitos e os guardava numa lata dentro do guarda-roupas de cama e os servia quase diariamente na hora do café.

Amassar os ingredientes com ovos e um pouco de leite. Enrolar os biscoitinhos, colocar em tabuleiros untados e levar para assar em forno quente.

Biscoito do Vovô

2 pratos de polvilho
1 prato de fubá mimoso
1 prato de açúcar
1 prato de gordura derretida (pelo vinco)
6 ovos
Sal

Vovô Juca é o pai da minha avó Naná. Chamava-se José de Oliveira Costa e era fazendeiro e fotógrafo. Vovô fazia esses biscoitos especialmente para o marido e os guardava num bauzinho de lata no escritório do Vovô. O que difere da receita anterior é que nesta se usava fubá do olho – que é o fubá do centro do moinho d'água.

Misturar tudo e amassar, sovando bem. Enrolar os biscoitinhos. Colocar em tabuleiros untados e assar em forno quente.

Biscoito de fubá

1 kg de fubá mimoso
1 kg de farinha de trigo
3 e ½ xícaras de açúcar cristal
1 e ½ xícara de margarina derretida
1 xícara de gordura ou banha derretida
3 colheres (sopa) de fermento em pó
4 ovos
1 pitada de sal
1 colher (sobremesa) de bicarbonato de sódio
Erva-doce
Leite

Peneirar numa gamela o fubá e a farinha de trigo. Acrescentar o açúcar, a margarina, a gordura de porco, o fermento e os ovos. Misturar tudo e acrescentar o sal e o bicarbonato, dissolvido em um pouco de leite. Colocar a erva doce. Amassar tudo, adicionando leite até dar o ponto de enrolar. Enrolar os biscoitos e colocar num tabuleiro untado. Levar para assar em forno bem quente por aproximadamente 20 minutos.

Biscoitos Rainha (do caderno da Dinha Lete, com letra da Tia Cecy)

1 prato de massa de queijo*
1 prato de fubá mimoso
Açúcar
Leite
Ovos à vontade.

Amassar com leite, não devendo ficar a massa muito dura. Enrolar os biscoitos e levar para assar.

*Massa de queijo é o leite coalhado, especialmente para a feitura do queijo; estágio anterior à prensagem, na forma.

Biscoito da Macryna (do caderno da Dinha Lete)

1 kg de polvilho coado (ou peneirado)
½ kg de farinha de trigo
½ kg de açúcar
250 g de manteiga ou banha
7 ovos
7 colheres (chá) de bicarbonato de sódio
Sal e cheiros

Misturar tudo. Enrolar os biscoitos e levar para assar em forno quente.

Biscoitos da Sinhá

Tia Sinhá e Tia Bely eram irmãs de minha bisavó Ernestina, que não conheci. Há pouco, mexendo nas caixas de fotografia antigas, encontrei uma foto datada de 1898, onde se vê toda a família. O casal à esquerda é a Vovó Ernestica e seu marido, Vovô Juca, fotógrafo da família. No meio, meus tataravós, "Vovô Lauzinho e Vovó Chiquinha", Estanislau e Francisca Belisária.

2 pratos de polvilho
450 g de farinha de trigo
14 ovos
450 g de manteiga
225 g de gordura.
Leite
Sal
Cheiros: erva-doce, cravo

Sovar muito bem o polvilho com leite, acrescentando o sal necessário. Depois de bem sovado, adicionar a farinha de trigo, os ovos, a manteiga, a erva-doce e o cravo. Fazer os biscoitos e levar em latas ao forno esperto (forno quente).

Biscoitos da Tia Bely *(do caderno da Vovó Naná, dezembro 1930)*

2 pratos de polvilho
2 pratos de gordura
2 pratos de água
2 colheres (sopa) de açúcar
1 litro de leite

Misturar todos os ingredientes, deixando a massa um pouco mole. Colocar no pano* e espremer diretamente no tabuleiro untado. Levar para assar em forno previamente aquecido.

* Pano de mais ou menos 40x40 cm com um orifício de 1 cm de diâmetro, por onde se espreme a massa, fazendo os biscoitos direto no tabuleiro.

Biscoito de pires *(do caderno da Dinha Lete, datada de 01/04/1939)*

1 pires de farinha de trigo
1 pires de polvilho
1 pires de queijo ralado (bem curado)
1 pires raso de gordura
1 pires de açúcar
2 ou 3 ovos
1 colher (café) de bicarbonato de sódio

Misturar tudo. Amassar bem. Fazer os biscoitos e colocar em tabuleiro untado. Assar em forno quente.

Biscoito caseiro

3 xícaras de farinha de trigo
1 xícara de açúcar
1 colher de banha
1 colher de margarina
1 colher (chá) de bicarbonato de sódio
½ colher (sopa) de fermento em pó
2 ovos
1 pitada de sal

Misturar todos os ingredientes, colocando leite aos poucos até que a massa fique em uma consistência boa para enrolar os biscoitos. Fazer os biscoitinhos enrolando como um anel. Colocar em tabuleiro untado. Levar ao forno regular.

Biscoito de rapadura

1 rapadura (± 700 g)
3 colheres (sopa) de manteiga
1 e ½ colher (sopa) de fermento em pó
1 colher (sopa) de bicarbonato de sódio
1 copo de leite
2 copos de água
3 ovos
2 e ½ kg de farinha de trigo

Colocar numa panela a rapadura picada com um pouco de água e levar ao fogo até derreter. Numa gamela, colocar o bicarbonato de sódio, o fermento, a manteiga, depois a rapadura derretida. Mexer levemente. Juntar o leite. Misturar e deixar esfriar. Bater as claras, juntar as gemas e acrescentar à mistura. Adicionar a farinha, amassando bem até o ponto de enrolar. Levar ao forno, imediatamente, por aproximadamente 20 minutos em tabuleiro untado.

Biscoitos fofos

2 pratos de polvilhos
½ prato de fubá
4 colheres (sopa) de gordura
5 ovos
Coalhada e nata
Leite
Sal
Cheiros

Amassar tudo com leite, sal e cheiros até obter a consistência adequada. Fazer os biscoitos e levar para assar em forno quente.

Biscoito palito (do caderno da Tia Geny)

4 ovos
1 colher (sopa) de sal amoníaco
5 colheres (sopa) de açúcar
1 colher (sopa) de gordura (ou manteiga)
Farinha de trigo
Gemas para dourar

Bater os ovos com o sal amoníaco. Juntar os demais ingredientes e amassar bem. Colocar a farinha até o ponto de enrolar. Fazer os biscoitos enrolando como palito. Colocar em tabuleiro, dourar com gemas, peneirar açúcar por cima e levar para assar em forno regular.

Quebra-quebra (do caderno da Dinha Lete)

750 g de farinha de trigo
250 g de polvilho
6 gemas
1 clara
250 g de manteiga
250 g de açúcar

O quebra-quebra é um biscoito muito comum nos cadernos da família. Em cada caderno, pequenas variações dão o toque de cada um.

Juntar todos os ingredientes, amassar bem e sovar muito. Depois enrolar os biscoitos. Colocar para assar em forno brando.

Quebra-quebra (D. Elza, São Brás do Suaçuí)

1 kg de polvilho doce
400 g de açúcar
500 g de margarina
1 colher (sopa) de fermento em pó
¼ de queijo curado ralado
6 ovos
Sal

Peneirar o polvilho. Juntar o açúcar e os ovos, um a um. Sovar aos poucos. Juntar a margarina, o sal e o fermento. Se quiser, juntar ¼ de queijo ralado. Continuar sovando. Untar a mão e fazer os biscoitos no formato que preferir. Colocar em tabuleiro e assar em forno quente.

Quebra-quebra

Biscoitos tenros *(do caderno da Vovó Naná)*

2 xícaras de fubá mimoso
1 xícara de polvilho coado (peneirado)
2 xícaras de gordura
10 ovos
Sal

Escaldar o fubá e o polvilho com a gordura bem quente. Misturar bem, colocando aos poucos os ovos até formar uma massa homogênea. Depois da massa pronta, espremer os biscoitos diretamente no tabuleiro untado em um pano com furo. Colocar para assar no forno quente.

Biscoitos turcos

1 xícara bem cheia de manteiga
1 xícara rasa de açúcar refinado
1 colher (sopa) de cachaça de boa qualidade
1 colher (café) de bicarbonato de sódio
Farinha de trigo – quanto precisar

Juntar aos ingredientes farinha de trigo peneirada até que fique em consistência de enrolar. Estando tudo bem misturado, estender a massa com um rolo e cortar os biscoitos com ferro próprio.* Levar ao forno para assar em tabuleiro. Quando prontos, tirar um a um e passar imediatamente em açúcar refinado. Depois de frios, guardar em latas.

*Ferro próprio: forminhas próprias para cortar biscoitos. Existem em forma de estrelas, coração, flor, lua, etc.

Biscoito de laranja

50 g de manteiga
1 xícara de açúcar
2 colheres (sopa) de suco de laranja
Raspa de casca de ½ laranja
1 xícara de farinha de trigo

Bater a manteiga com o açúcar. Juntar o suco de laranja e continuar batendo até a massa ficar branca. Acrescentar as raspas da laranja e a farinha de trigo. Misturar bem com as mãos. Fazer bolinhas e colocar na assadeira forrada com papel manteiga. Levar para assar em forno quente previamente aquecido por aproximadamente 40 minutos.

Biscoito amanteigado (Ana Rita Osório Senra)

4 xícaras de farinha de trigo
1 colher (chá) de sal
1 colher (sopa) de fermento em pó
150 g de margarina
1 xícara de açúcar
1 ovo
1 colher (sopa) de raspas de laranjas

Peneirar a farinha com o sal e o fermento e reservar. Bater a margarina até ficar cremosa e esbranquiçada. Juntar o açúcar e bater bem. Adicionar o ovo e as raspas de laranja. Juntar os ingredientes numa tigela e amassar bem até formar uma massa uniforme. Fazer os biscoitos e levar para assar em tabuleiro untado e enfarinhado ao forno moderado.

Palito franciscano

2 pires de açúcar
2 colheres (sopa) de manteiga
6 ovos
1 pitada de sal
1 colher (sopa) de sal amoníaco
Farinha de trigo até o ponto de enrolar

Bater os ovos como para pão de ló.* Juntar os demais ingredientes e amassar com a farinha de trigo até ficar em consistência de massa de pastel. Abrir com um rolo. Cortar em tiras. Passar gemas para dourar e polvilhar com açúcar cristal. Assar em forno quente.

*Ovos batidos como para pão de ló: bater as claras em neve, ajuntar as gemas e continuar batendo até ficarem claras.

Biscoito de coalhada

2 xícaras de açúcar
1 xícara de manteiga
1 e ½ xícara de coalhada
3 ovos
250 g de banha
1 colher (chá) de sal amoníaco
2 colheres (sopa) de fermento em pó
2 kg de farinha de trigo

Misturar o açúcar, a manteiga e a banha. Acrescentar os ovos e mexer bem. Juntar o fermento, o sal amoníaco e a coalhada, misturando sempre. Por último, acrescentar a farinha de trigo, aos poucos, até a massa se soltar da vasilha. Enrolar os biscoitos, passar no açúcar cristal e levar para assar em forno preaquecido. Assar por aproximadamente 20 minutos.

Biscoitos de nata

Biscoito de nata *(Vanja Veloso, Ouro Preto)*

800 g de maisena
1 lata de leite condensado
1 copo de nata
1 colher (sopa) de fermento em pó
2 ou 3 ovos

Misturar tudo e acrescentar a maisena até o ponto de enrolar. Colocar num tabuleiro untado e assar em forno moderado, sem corar.

Biscoitos de nata

1 xícara de nata (ou creme de leite sem soro)
1 xícara de açúcar
1 colher (sopa) de manteiga
4 xícaras de polvilho doce
1 ovo
1 pitada de sal

Misturar tudo muito bem, fazer bolinhas, achatando-as com um garfo. Assar em tabuleiro untado, em forno médio. Depois de assado, passar no açúcar refinado.

Biscoito de copo *(Maria Dias, Pedra Branca, receita datada de 6/9/1935, do caderno da Dinha Lete)*

3 medidas de polvilho
½ de gordura
½ de leite com água, sendo bem medidas
Um pouco de açúcar
Um pouco de coalhada
2 ovos
Sal

Pedra Branca é um povoado na cidade de Entre Rios, composto de três fazendas e uma capela, próximo à Fazenda Bela Vista, de propriedade dos meus bisavós Juca e Ernestina. Todas as famílias da região eram amigas e trocavam histórias e receitas.

Ferver o leite com água e a gordura juntos e escaldar o polvilho. Sovar e ajuntar o açúcar, a coalhada e sal. Sovar bem e depois amassar com ovos. Para amolecer a massa, colocar um pouco de água e continuar sovando até ficar no ponto de espremer no pano. Assar em forno brando.

Obs.: a medida usada era um caneco esmaltado azul de aproximadamente 750 ml.

Biscoito de copo *(do caderno da Dinha Lete, fazenda Bela Vista, Entre Rios. Variação da receita anterior)*

4 canecas de polvilho
1 caneca de água
1 caneca de leite
1 caneca de gordura derretida
1 colher (sopa) de açúcar
Um pouco de coalhada
4 ovos
Sal
Um punhado de farinha de trigo

Colocar o polvilho numa gamela, juntar um pouquinho de água com sal e sovar para desfazer os caroços. Ferver o leite, a gordura e o açúcar juntos e escaldar o polvilho. Assim que esfriar um pouco, sovar até desmanchar os caroços e ajuntar a coalhada e sal. Sovar bem e depois amassar com ovos. Para amolecer a massa, colocar um pouco de água e continuar sovando até ficar no ponto de espremer no pano. Assar em forno brando.

Obs.: *a caneca usada nesta receita mede meio litro, ou 500 ml.*

Biscoito fortuna

450 g de açúcar refinado
6 ovos
2 colheres (chá) de canela em pó
2 colheres (chá) de erva-doce
1 kg de polvilho doce

Bater as claras. Juntar as gemas e, aos poucos, o açúcar, a canela e a erva-doce. Bater bem. Juntar o polvilho e misturar. Colocar essa massa na geladeira por uns 10 minutos para firmar. Enrolar os biscoitos e colocar em tabuleiro untado e enfarinhado. Levar ao forno regular para assar.

Obs.: *este biscoito não cresce.*

Biscoito veludo

2 xícaras de farinha de trigo
2 xícaras de açúcar
3 ovos
2 colheres (sopa) de manteiga ou banha
Leite o quanto amoleça
1 cálice de cachaça

Amassar todos os ingredientes. Enrolar e colocar em tabuleiro para assar em forno quente.

Biscoito de queijo

1 prato de polvilho doce, bem cheio
1 prato de queijo de minas ralado
1 prato de nata
4 ou 5 ovos
½ colher (sopa) de sal

Numa gamela colocar o polvilho, o queijo, a nata e os ovos, um a um, quatro ou cinco, dependendo da consistência da massa. Amassar bem até ficar com uma consistência homogênea. Enrolar os biscoitos e colocar em tabuleiro não untado e levar ao forno quente por aproximadamente de 30 minutos.

Biscoito de maisena (Imene Senra)

800 g de maisena
1 lata de leite condensado
2 colheres (sopa) de manteiga
1 colher (sopa) de fermento em pó
4 gemas

Amassar todos os ingredientes, colocando a maisena aos poucos. Abrir a massa da grossura de um dedo e cortar os biscoitos. Colocar em tabuleiro para assar em forno regular. Se preferir mais doce, colocar um pouco de açúcar.

Biscoito de maisena (Ana Rita Osório Senra)

3 colheres (sopa) de açúcar
3 colheres (sopa) de margarina
4 ovos
1 lata de leite condensado
1 vidro de leite de coco (200 ml)
1 colher (sopa) de fermento em pó
1 kg de maisena

Bater bem os ovos e o açúcar, depois misturar a margarina, o leite condensado e os demais ingredientes aos poucos até a massa ficar homogênea. Fazer os biscoitos e levar para assar em forno regular.

Biscoito Floriano Peixoto (do caderno da Dinha Lete)

200 g de açúcar
150 g de manteiga
400 g de maisena
200 g de fubá mimoso
4 ovos
½ xícara de leite

Amassar o açúcar com a manteiga até ficar uniforme. Juntar os demais ingredientes na ordem ao lado. Se a massa ficar dura, amolecer com mais um pouco de leite. Fazer os biscoitos e assar em forno regular.

Biscoito petropolitano

6 ovos batidos como pão de ló*
3 colheres (sopa) de manteiga
1 xícara rasa de açúcar
1 xícara de leite
2 colheres de sal amoníaco bem cheias
Farinha de trigo

Misturar o sal amoníaco no leite e juntar os ingredientes na ordem ao lado. Colocar a farinha aos poucos. A massa não deve ser dura. Abrir a massa e cortar com formas ou enrolar fino como nhoque, passar no açúcar cristal, colocar no tabuleiro não untado e levar ao forno quente para assar.

* Ovos batidos como para pão de ló: bater as claras em neve, ajuntar as gemas e continuar batendo até ficarem claras.

Biscoito João Brum (Beatriz Senra)

800 g de maisena
2 xícaras de manteiga
2 xícaras de açúcar
1 gema
1 vidro de leite de coco (200 ml)

Vovó Naná colocou minha tia Bi para fazer um curso de culinária, antes que se casasse, em 1964. Uma das receitas do curso é esse biscoito, o preferido do marido da professora, o Sr. João Brum.

Misturar os ingredientes e amassar tudo muito bem. Fazer os biscoitos e levar para assar em forno brando.

Biscoito de bicarbonato (Ana Rita Osório Senra)

1 kg de farinha de trigo
1 colher (sopa) rasa de sal
1 colher (sopa) rasa de fermento em pó
150 g de manteiga
2 xícaras de açúcar
4 ovos
1 colher (sopa) de bicarbonato de sódio
1 xícara de leite

Dissolver o bicarbonato no leite fervente. Deixar esfriar e juntar aos outros ingredientes. Amassar bem. Fazer os biscoitos e levar para assar em forno regular.

Biscoito setropolitano

Biscoito de bicarbonato *(do caderno da Tia Geny)*

1 kg de farinha de trigo
2 xícaras de açúcar refinado
1 colher (sopa) rasa de sal
1 colher (sopa) de bicarbonato de sódio
1 xícara de manteiga, óleo ou gordura
2 ovos
½ xícara de leite

Dissolver o bicarbonato no leite quente que, com o bicarbonato, sobe na xícara. Deixar esfriar e juntar aos outros ingredientes. Amassar bem. Fazer os biscoitos e levar para assar em forno regular.

Biscouto Mariquinhas *(do caderno da Dinha Lete)*

6 pires de polvilho
1 pires de farinha de trigo
6 ovos
1 pires de salmoura
1 prato de gordura morna

Passar o polvilho numa peneira fina. Fazer a salmoura juntando água e sal. Numa vasilha, juntar todos os ingredientes, misturando bem até a massa ficar homogênea. Fazer os biscoitos em argolinhas e levar em forno regular.

Biscoitos de cachaça

2 xícaras de gordura derretida
2 xícaras de cachaça
1 colher (sopa) cheia de fermento em pó
1 xícara de açúcar
Farinha de trigo até o ponto de enrolar

Misturar todos os ingredientes. Fazer rosquinhas, colocar num tabuleiro e levar para assar. Depois de assadas, banhar em chá de canela ou cravo bem doce e frio e passar no açúcar refinado.

Biscoitos de angu

2 pratos de polvilho
½ prato de angu
1 prato mal cheio de gordura derretida
4 ovos
Coalhada (um pouco)
Leite (o quanto baste)
Sal

Sovar o polvilho para desfazer os caroços com um pouco de coalhada e sal. Escaldar com um pouco de água e a gordura. Colocar os ovos e o angu e amassar. Amolecer com leite até ficar no ponto de enrolar. Deve ser enrolado na mão, untada com gordura. Fazer os biscoitos, assar em forno quente.

Biscoito papudo

3 copos de fubá de canjica
1 e ½ copo de gordura
1 e ½ copo de água
1 colher (sopa) de fermento em pó
1 pitada de sal
8 ovos
Açúcar
Canela

Escaldar o fubá com água, sal e a gordura fervendo. Esperar esfriar e juntar o fermento e os ovos, um a um. Misturar e sovar bastante. Fazer os biscoitos e colocar para assar em forno quente. Depois de assado passar em calda no ponto de fio* e depois em açúcar com canela.

Ponto de fio: molha-se o dedo indicador na calda e se junta ao polegar. Se, ao abrir, formar fio, sem quebrar, o ponto é o "de fio".

Biscoito de gengibre

100 g de manteiga
1 e ½ xícara de açúcar
1 colher (sopa) de melado
1 ovo
2 xícaras de farinha de trigo
1 colher (sopa) de gengibre moído
1 colher (chá) de bicarbonato de sódio

Bater a manteiga com o açúcar e o melado até obter um creme homogêneo. Bater o ovo e adicionar. Juntar a farinha de trigo peneirada com o bicarbonato de sódio e o gengibre. Misturar bem. Fazer bolinhas e levar em assadeira untada ao forno regular por aproximadamente 10 minutos.

Biscoito de gengibre e canela

½ kg de farinha de trigo
½ xícara de melado
½ xícara de açúcar de confeiteiro
1 colher (chá) de bicarbonato de sódio
1 colher (sopa) de gengibre em pó
1 colher (sopa) de canela em pó
10 colheres (sopa) de azeite de oliva
1 ovo
1 colher (sopa) de vinagre

Numa tigela, peneirar a farinha com o bicarbonato de sódio, o gengibre e a canela. Juntar o açúcar, o azeite de oliva e o ovo e bater até obter uma massa leve e esponjosa. Juntar o vinagre e bater mais um pouco. Sempre batendo, acrescentar o melado. Dividir a massa em três partes e deixar descansar na geladeira, por pelo menos duas horas. Levar a massa para uma superfície lisa e enfarinhada. Abrir cada uma das partes e cortar fazendo os biscoitos. Dispor os biscoitos em tabuleiro untado e levar para assar no forno regular preaquecido.

Biscoito de batata-doce

1 xícara de margarina
1 xícara de açúcar
1 xícara de batata-doce cozida
e espremida
3 xícaras de amido de milho
1 colher (sopa) de fermento em pó

Numa gamela juntar todos os ingredientes e amassar bem. Fazer os biscoitos e colocar num tabuleiro untado e polvilhado para assar em forno regular. Não deixar corar.

Biscoito misturado (D. Elza, São Brás do Suaçuí)

1 kg de polvilho azedo
1 colher (sopa) de sal
1 medida de óleo
½ medida de água
½ medida de leite
4 ovos
Coalhada / angu / queijo (se quiser)

Colocar para ferver o óleo, a água e o leite e, quando estiver fervendo, despejar sobre o polvilho, numa gamela. Juntar os ovos, um a um, o sal e ir sovando. Incluir, se tiver, coalhada, angu ou queijo. Com a mão untada, fazer rosquinhas ou bolinhas. Colocar numa forma ou tabuleiro para assar em forno quente.

Obs.: a medida aqui é uma lata de leite condensado (300 ml).

Biscoutinhos (do caderno da Dinha Lete, datada de 17/09/1933, copiada de D. Cota, que era comadre da bisa Ernestina e morava na região de Entre Rios)

2 pratos de polvilho
1 prato de farinha de trigo
1 prato de açúcar
½ prato de gordura ou manteiga
Ovos, o quanto baste (cuidando para não ficar nem mole nem duro).

Misturar todos os ingredientes e amassar com ovos até o ponto de sovar. Fazer os biscoitos e assar em forno quente.

Biscoito amarelinho

2 xícaras de creme de milho amarelo
1 e ½ xícara de maisena
¾ de xícara de açúcar cristal
½ xícara de manteiga ou margarina
½ xícara de coco ralado
2 ovos
1 colher (chá) de sal

Medir todos os ingredientes peneirados. Misturar o creme de milho, a maisena, o açúcar, o sal e o coco ralado. Colocar na mistura a manteiga e os ovos. Amassar até obter uma massa lisa, firme e uniforme. Moldar a massa de acordo com o formato que se deseja e colocar em tabuleiro untado. Colocar para assar em forno preaquecido, em temperatura média, por 10 minutos.

Casadinhos

3 ovos
3 xícaras de farinha de trigo
2 xícaras de açúcar
2 colheres (sopa) de manteiga
1 colher (sopa) de fermento em pó

Doce de leite, goiabada, etc para o recheio.

Bater o açúcar com a manteiga e as gemas. Misturar a farinha com o fermento e, por último, juntar as claras batidas. Abrir a massa com o rolo. Cortar com a boca de um cálice pequeno. Levar ao forno para assar em tabuleiro untado. Depois de assado, juntar dois biscoitos, recheando com doce de leite ou qualquer outro doce, como goiabada, marmelada, etc. Passar em açúcar com canela.

Biscoito casadinho

3 ovos
200 g de margarina
1 lata de leite condensado
1 xícara açúcar refinado
½ xícara de óleo
1 colher (sopa) de fermento em pó
1 pitada de sal
1 kg de polvilho

1 kg de goiabada para o recheio

Misturar os ingredientes aos poucos, na ordem ao lado. Sovar bem até a massa se soltar das mãos. Fazer pequenas bolinhas, achatar um pouco e assar em tabuleiro untado por cerca de 20 minutos. Retirar antes de corar. Unir um biscoito ao outro usando goiabada amassada como recheio.

Biscoitos de sal amoníaco

Biscoito de sal amoníaco

1 copo de leite
1 colher (sopa) de sal amoníaco
1 colher (sopa) de banha
1 colher (sopa) de margarina
3 colheres (sopa) de açúcar
2 ovos inteiros
1 pitada de sal
Farinha de trigo para engrossar

Numa tigela, despejar o copo de leite sobre o sal amoníaco. Cresce muito. Acrescentar todos os ingredientes. Engrossar com farinha de trigo, amassando até ficar com boa consistência. Enrolar formando as rosquinhas. Levar para assar.

Biscoutos "mysteriosos"
(do caderno da Dinha Lete)

7 ovos batidos
450 g de açúcar
1 colher (sopa) bem cheia de manteiga
1 colher (sopa) bem cheia de Bicarbonato de amoníaco bem fino

Misturar o amoníaco com o açúcar, a manteiga e três ovos. Colocar a farinha aos poucos e o restante dos ovos um a um até ficar de boa consistência para abrir a massa e cortar com formas. Levar para assar em tabuleiro untado.

Biscoito escaldado *(Beth Motta)*

7 xícaras de polvilho doce
2 e ½ xícaras de óleo
1 xícara de água
8 ovos
1 colher (sopa) de sal

Em vasilhas separadas aquecer o óleo e metade da água. Numa gamela, umedecer o polvilho com o resto da água fria e sovar até desmanchar completamente. Juntar o óleo quente, o sal e depois a água fervente e misturar bem. Esperar esfriar e acrescentar os ovos, sovando sem parar até formar uma massa uniforme. Num tabuleiro untado espremer a massa com um pano furado* ao meio, fazendo os biscoitos na forma que desejar. Levar para assar em forno quente, preaquecido, até crescerem. Estando crescidos, desligar o forno e esperar um pouco para que sequem.

* Pano de mais ou menos 40x40 cm com um orifício de 1 cm de diâmetro, por onde se espreme a massa, fazendo os biscoitos direto no tabuleiro.

Biscoito frito

1 kg de farinha de trigo
1 xícara de maisena
3 ovos
½ colher (sopa) de manteiga
1 copo de leite
1 colher (sopa) de fermento em pó
1 pitada de sal
1 e ½ copo de açúcar

Misturar a farinha com a maisena e fazer uma cova no meio. Colocar os ovos e mexer. Acrescentar o restante dos ingredientes. Amassar bem e deixar a massa descansar durante cinco minutos. Enrolar e fritar em óleo quente.

Obs.: para não encharcar as frituras, colocar algumas gotas de vinagre na massa.

Biscoito de cerveja

1 kg de farinha de trigo
400 g de manteiga
2 colheres (sopa) de fermento em pó
2 cálices de cerveja
Açúcar

Misturar todos os ingredientes. Enrolar a massa como um biscoito comprido. Cortar com a faca os toquinhos. Podem-se fazer argolinhas. Passar em açúcar cristal e levar ao forno brando para assar.

Biscoito integral (para microondas)

1 e ½ xícara de farinha de trigo integral
1 pitada de sal
2 colheres (sopa) de margarina
1 colher (sopa) de óleo
4 colheres (sopa) de água
Fubá para polvilhar

Numa gamela, colocar a farinha integral, a margarina, o óleo e o sal. Misturar bem até obter uma farofa. Acrescentar a água e misturar bem. Trabalhar a massa até ficar lisa e uniforme. Polvilhar o fubá numa superfície lisa e abrir a massa bem fina com a ajuda de um rolo. Cortar em quadrados (3 cm). Polvilhar o fubá sobre um recipiente refratário e distribuir as bolachinhas, deixando um espaço entre elas. Levar ao microondas por 2 minutos em potência alta. Retirar e esperar esfriar.

Biscoito de maisena

4 xícaras de farinha de trigo
1 xícara de maisena
1 colher (sopa) de manteiga
1 colher (sopa) de fermento em pó
2 ovos
1 e ½ xícara de açúcar
1 colher de óleo

Amassar tudo muito bem. Fazer os biscoitos e levar para assar em forno regular.

Biscoito de farinha de milho *(Vanja Veloso, Ouro Preto)*

1 prato de polvilho
½ prato de farinha de milho
1 prato de queijo de minas
5 ovos
1 prato de óleo
1 xícara de coalhada
Sal
Leite

Encharcar a farinha com leite. Ferver o óleo e escaldar esse angu. Bater os ovos e misturar ao angu. Juntar o polvilho e amassar, colocando a coalhada. Por fim, misturar o queijo. Enrolar com a mão untada, em forma de lua, e colocar em tabuleiro untado levemente. Assar em forno quente.

Cavaquinhos

½ kg de farinha de trigo
2 colheres (sopa) de banha
4 ovos
Açúcar
Cheiros

Misturar os ingredientes amassando bem até a massa ficar macia para abrir com rodo. A massa não deve ficar muito fina. Cortar com a carretilha, cobrir com açúcar e levar ao forno brando.

Biscoito de aveia

3 colheres (sopa) de manteiga
½ xícara de chá de açúcar
1 ovo inteiro
1 colher (chá) de baunilha
½ xícara de farinha de trigo
1 colher (chá) de fermento em pó
1 xícara de aveia em flocos finos
½ xícara de castanha-do-pará ralada

Misturar todos os ingredientes. Fazer os biscoitos em forma de bolinha. Com um garfo achatar os biscoitos, passar no açúcar cristal e levar ao forno numa assadeira untada.

Biscoitos fritos Santa Amélia

1 pires de polvilho azedo
2 colheres (sopa) de açúcar
2 ovos
1 pitada de sal
Cheiros: canela, erva-doce

Amassar o polvilho até desfazer os caroços. Misturar os demais ingredientes. Sovar na mão e fazer os biscoitos. Fritar aos poucos em gordura não muito quente.

Essas duas receitas de biscoito frito foram colhidas do caderno da Dinha Lete. Ela sempre inventava algum toque diferente nos dias de chuva e da casa cheia de crianças.

Diplomatas *(do caderno da Dinha Lete)*

1 prato fundo de fubá mimoso
1 pires (chá) de açúcar
1 colher (sopa) de manteiga

Misturar tudo e amassar bem (não se coloca nenhum líquido). Colocar a massa no tabuleiro pequeno, apertando-a bem, de forma a cobrir todo o tabuleiro. Depois, cortar em quadradinhos. Levar para assar em forno brando. Quando estiverem soltos, estão bons.

Obs.: estes biscoitos são muito delicados e próprios para acompanhar o chá.

Pérolas divinas *(do caderno da Tia Geny, datada de 15/02/1935)*

3 xícaras de farinha de trigo
1 colher (sopa) de fermento biológico
½ xícara de açúcar
2 ovos
1 colher (sopa) de manteiga
Casquinhas de um limão
1 colher (chá) de sal
Canela
Açúcar

Misturar o açúcar com a manteiga até a massa ficar bem clara. Bater separadamente as claras, juntando-se em seguida as gemas e adicionando à outra mistura. Por último, adicionar a farinha peneirada com o fermento, acrescentar as casquinhas de limão e o sal, formando a massa na consistência de enrolar bolinhas. Fritar e polvilhar com açúcar e canela.

Sequilhos de araruta

½ kg de araruta
250 g de açúcar
4 colheres (sopa) de manteiga
2 colheres (sopa) de leite
1 ovo
1 pitada de sal

Juntar tudo numa tigela, amassando muito bem. Enrolar a massa como para nhoque e cortar os biscoitinhos. Assar em tabuleiro untado, em forno quente, preaquecido.

Sequilhos de fubá

1 ovo inteiro
200 g de fubá
100 g de açúcar
100 g de manteiga ou margarina
Araruta

Misturar os ingredientes, juntando a araruta até ficar numa boa consistência para enrolar. Fazer bolinhas pequenas com as mãos e amassar suavemente com o garfo. Colocá-las em tabuleiro untado e levar ao forno médio para assar.

Sequilhos de araruta

Sequilhos da D. Cota *(do caderno da Dinha Lete, datada de 17/09/1933)*

1 kg de farinha de trigo
½ de açúcar
1 colher (sopa) mal cheia de bicarbonato de sódio
Um pouco de gordura
½ xícara de leite
Sal

Dissolver o bicarbonato de sódio no leite com um pouco de sal. Juntar os demais ingredientes e amassar. A massa deve ficar durinha para cortar. Depois de cortada, colocar em tabuleiro untado e assar em forno regular.

Sequilhos de maisena *(Ana Rita Osório Senra)*

½ kg de maisena
2 colheres (sopa) de açúcar
2 colheres (sopa) de margarina
2 ovos
½ lata de leite condensado
1 colher (sopa) de fermento em pó
Sal

Misturar os ingredientes. Modelar os biscoitos e assar em forno brando.

Sequilhos caprichosos

2 xícaras de polvilho doce
1 xícara de farinha de trigo
1 xícara de açúcar
½ xícara de margarina derretida e fria
2 ovos
1 colher (chá) de fermento em pó
1 colher (sopa) de manteiga à temperatura ambiente
1 pitada de sal

Peneirar juntos o polvilho, a farinha de trigo, o sal e o fermento. Repetir essa operação por mais duas vezes, para dar aquela leveza característica do sequilho. Colocar a mistura peneirada numa tigela grande e fazer uma cova. Derramar a margarina derretida e a manteiga e trabalhar a massa com a ponta dos dedos. Acrescentar o açúcar e, amassando, observar e desfazer os grumos. Bater os ovos como para pão de ló.* Juntar à mistura, aos poucos e, com a ponta dos dedos, pegar pequenas porções de massa e trabalhar cuidadosamente até ficar com uma textura lisa e homogênea. Fazer bolinhas e colocar no tabuleiro untado com margarina e enfarinhado. Levar ao forno brando até que comecem a dourar.

*Ovos batidos como para pão de ló: bater as claras em neve, ajuntar as gemas e continuar batendo até ficarem claras.

Bolinho frito de fubá *(Renato Dutra)*

4 copos de fubá
2 ovos
1 colher (sopa) de fermento em pó
6 colheres (sopa) de açúcar refinado
½ copo de leite
1 copo de água quente

Bater os ovos, colocar o açúcar. Acrescentar o fubá e o fermento, mexendo bem. Juntar a água quente. Mexer bem até soltar da forma. Adicionar o leite aos poucos, enrolando os bolinhos com as mãos enfarinhadas. Fritar em óleo quente.

Renato Dutra, quitandeiro de Congonhas, diz: "Toda comida, salgado, quitanda, quitute, para ficar bom, requer muito o uso das mãos".

Bolinha de queijo

400 g de queijo ralado
1 ovo inteiro
2 colheres (sopa) de farinha de trigo
1 pitada de sal

Misturar tudo, fazer as bolinhas e fritar em óleo. Servir enquanto quente.

Craknel *(do caderno da Vovó Naná)*

2 kg de farinha de trigo
325 g de açúcar refinado
200 g de banha
12 g de carbonato de amoníaco
12 ovos
2 e ½ cálices de cachaça
½ litro de leite

Biscoito considerado muito fino, nem salgado nem doce. Tinha um lugar especial à mesa de café da casa da Vovó Naná.

Amassar bem, dividir a massa em dois ou três pedaços. Passar a massa no cilindro graduado em 1 cm. Depois, dobrar a massa em quatro partes, em cruz, e tornar a passar no cilindro graduado em ½ cm. Diminuir o cilindro e passar a massa até que fique na grossura de uma moeda. Colocar a massa numa mesa polvilhada com farinha e cortar com forminhas. Levar os biscoitos em água fervendo para cozinhar (como se faz com o nhoque). Assim que subirem os biscoitos, recolher com escumadeira, deixar escorrer e colocar em tabuleiros. Levar ao forno para acabar de cozer, ou seja, assar.

Rosca caracóis

Rosca caracóis *(Ana Rita Osório Senra)*

1 xícara de açúcar refinado
1 colher (sopa) de sal
50 g de fermento biológico
1 xícara de óleo
2 ovos
1 colher (sopa) de essência de baunilha
1 xícara de leite
8 xícaras de farinha de trigo

½ xícara de açúcar mascavo
½ xícara de nozes ou castanhas-do-pará, picadas
1 colher (sopa) de farinha de trigo
½ xícara de açúcar de confeiteiro
1 colher (sopa) de rum
1 gema ligeiramente batida
1 colher (sopa) de manteiga derretida para pincelar

Bater no liquidificador uma xícara de leite morno, os ovos, o fermento, o açúcar, o óleo, o sal e uma xícara de farinha de trigo. Deixar em local aquecido até dobrar de volume. Numa tigela colocar o restante da farinha de trigo e juntar a essência a massa fermentada. Misturar bastante até que fique uma massa bem elástica. Se necessário, acrescentar mais leite. Deixar crescer novamente até dobrar de volume.

Para o recheio, misturar numa tigela o açúcar de confeiteiro, as nozes e o rum e depois o açúcar mascavo e a farinha. Reservar.

Abrir a massa formando dois retângulos grandes. Pincelar com a gema e a manteiga derretida. Espalhar o recheio. Começando pelo lado comprido, enrolar como se fosse um rocambole, fechando bem. Cortar uns 15 a 20 pedaços e arrumá-los numa forma redonda de bolo, deixando crescer até dobrar de tamanho. Assar em forno quente.

Rosca *(Elizabeth, São Brás do Suaçuí)*

2 kg de farinha de trigo sem fermento
100 g de fermento biológico
½ kg de açúcar cristal
½ litro de água morna
½ kg de margarina ou
250 g de manteiga
8 ovos
Canela em pó a gosto
1 pitada de sal

Colocar numa bacia a água, o fermento, o açúcar, a manteiga ou margarina e os ovos, previamente batido num prato em separado. Colocar aos poucos a farinha e misturar até o ponto de enrolar. Colocar num tabuleiro untado e esperar crescer (aproximadamente uma hora, se o tempo estiver seco e quente). Para assar, usar forno quente por 30 minutos.

Variação: com a mesma massa, pode-se fazer "sonho", usando-a em fritura. Pode-se rechear com queijo (antes de fritar) ou com doce, depois de fritar.

Rosca de cenoura *(Ana Rita Osório Senra)*

2 cenouras grandes
3 ovos
1 colher de manteiga
1 colher de óleo
1 e ½ xícara de açúcar
100 g de fermento biológico
1 copo de leite morno
1 pitada de sal
Farinha de trigo

Bater os ingredientes no liquidificador. Despejar numa vasilha, acrescentando farinha de trigo até desprender das mãos. Deixar crescer. Fazer as roscas e deixar crescer novamente. Levar para assar em forno médio.

Rosca caseira *(do caderno da Vovó Naná)*

1 kg de farinha de trigo
3 ovos
1 e ½ xícara de açúcar
3 colheres (sopa) bem cheias de margarina
50 g de fermento biológico
2 copos de leite morno
1 pitada de sal

Dissolver o fermento em um copo de leite morno e reservar. Numa gamela, peneirar a farinha e misturar os demais ingredientes. Juntar o leite com fermento. Amassar bem e sovar bastante. Deixar descansar um pouco. Fazer tranças e colocar em tabuleiro polvilhado com açúcar cristal. Cobrir com pano seco e deixar crescer. Colocar para assar em forno preaquecido por aproximadamente 30 minutos.

Obs.: *para saber a hora de levar ao forno: tirar uma bolinha da massa e colocar num copo com água logo que fizer as roscas. Assim que a bolinha subir, é hora de levar as roscas ao forno.*

Rosca de leite condensado

1 lata de leite condensado
1 lata de água
1 lata de leite
5 ovos
2 colheres (sopa) de manteiga
60 g de fermento biológico
8 colheres (sopa) de açúcar refinado
1 kg de farinha de trigo ou mais um pouco
Sal

Bater tudo no liquidificador, menos a farinha de trigo. Despejar numa vasilha e engrossar com farinha de trigo até desprender dos dedos. A massa deve ficar um pouco mole. Enrolar as roscas e deixar crescer em tabuleiro untado. Dourar com gemas antes de levar para assar em forno brando.

Rosca de cenoura

Rosca de mandioca (do caderno da Vovó Naná)

½ kg de mandioca cozida e moída fininha
1 kg de farinha de trigo
1 xícara de açúcar
2 tabletes de fermento biológico
1 copo de leite
1 xícara (chá) de banha
(pode ser manteiga ou margarina)
2 colheres (sopa) de manteiga
4 ovos inteiros
Sal a gosto

Dissolver os tabletes de fermento no leite morno. Juntar a mandioca, o açúcar, a banha, a manteiga, o sal e os ovos. Amassar tudo, misturando a farinha até que a massa se solte das mãos. Sovar bem e enrolar as roscas, colocando-as em tabuleiros untados. Deixar crescer em lugar quente. Pincelar com uma gema misturada com duas colheres (sopa) de leite. Levar ao forno bem quente no princípio e mais brando depois.

Obs.: gasta-se quase 1 kg de farinha de trigo para ½ kg de mandioca.

Rosca de mandioca com recheio

400 g de mandioca
250 ml de leite morno
1 colher (sopa) de manteiga ou margarina
2 ovos
¾ xícara açúcar
1 pitada de sal
1 colher (sopa) de fermento biológico
½ xícara de água morna
½ colher (sopa) açúcar
Farinha de trigo

Recheio: coco ralado umedecido com leite condensado, frutas cristalizadas e passas ou raspas de chocolate meio amargo.

Numa gamela grande, diluir o fermento na água morna e juntar meia colher de açúcar. Cobrir com um pano e deixar descansar por 10 minutos.

Cozinhar a mandioca e amassar com um garfo. Reservar. No liquidificador bater o leite, a manteiga, os ovos, o açúcar e o sal. Juntar aos poucos a mandioca a essa mistura e despejar sobre o fermento. Acrescentar a farinha de trigo aos poucos até dar o ponto. Sovar bem. Dividir a massa em dois ou três pedaços, dividir cada pedaço em três e fazer tranças. Abrir com o rolo cada pedaço, rechear e depois trançar.

Colocar em assadeira untada, cobrir com um pano e deixar crescer até que dobre de volume. Pincelar com gema e levar para assar em forno moderado.

Rosca de coco e canela

1 kg de farinha de trigo sem fermento
30 g de fermento biológico
½ copo de óleo
1 copo de água
½ copo de leite
170 g de açúcar
1 colher (sobremesa) de sal
1 colher (sopa) de leite em pó
Canela a gosto
Coco ralado a gosto
Manteiga
Gema para pincelar

Bater os ingredientes no liquidificador, com exceção da farinha, da canela e do coco. Despejar numa gamela e acrescentar, aos poucos, a farinha. Sovar bem. Deixar descansar por 30 minutos. Dividir a massa em duas partes. Abrir cada parte em formato de pizza. Untar com manteiga, polvilhar açúcar, coco e canela. Enrolar a massa como rocambole. Cortar ao meio, de uma ponta a outra da massa, formando dois rocamboles finos. Trançar os dois pedaços. Levar a um tabuleiro untado. Pincelar com gema. Levar ao forno médio por aproximadamente 45 minutos.

Rosca da Dalva *(do caderno da Vovó Naná)*

2 kg de farinha de trigo
3 xícaras de açúcar refinado
3 colheres (sopa) de manteiga
1 e ½ xícara de banha
5 ovos
2 copos de leite ou coalhada
1 colher (chá) de sal
1 colher (chá) de erva-doce
2 colheres de fermento biológico

Dissolver o fermento em um pouco de leite morno. Misturar aos poucos os demais ingredientes e amassar bem até que a massa se solte das mãos. Sovar bem. Quanto mais se sova, mais macia fica a massa. Enrolar as roscas, colocando-as em tabuleiros untados. Deixar crescer em lugar quente. Pincelar com uma gema misturada com duas colheres (sopa) de leite. Levar ao forno bem quente no princípio e mais brando depois.

Obs.: para saber a hora de levar ao forno: tirar uma bolinha da massa e colocar num copo com água logo que fizer as roscas. Assim que a bolinha subir, é hora de levar as roscas ao forno.

Rosca da Rainha

Rosca da Rainha *(Maria do Carmo Santos Costa, São Brás do Suaçuí)*

50 g de fermento biológico
1 colher (sopa) de açúcar cristal
1 colher (chá) de sal
3 copos de leite morno
3 xícaras de açúcar
3 colheres (sopa) de manteiga
2 colheres (sopa) de manteiga derretida
10 ovos batidos
1 lata de leite condensado
Canela
Farinha de trigo, quanto necessário
Gema para pincelar

Juntar o açúcar, o sal e o fermento em um copo de leite morno com um pouco de farinha de trigo, misturando bem. Deixar crescer por uma ou duas horas em local quente. Depois, numa gamela, juntar todos os ingredientes e amassar. Fazer as roscas e colocar em tabuleiro untado. Pincelar com gemas e assar em forno regular.

Rosca de moranga

250 g de moranga cozida
½ colher (sopa) de sal
2 ovos inteiros
50 g de fermento biológico
1 colher (sopa) de margarina
½ copo de óleo
1 copo de açúcar
½ copo de leite
1 kg de farinha de trigo

Bater no liquidificador os ovos, o leite, o óleo, o açúcar, a margarina, a moranga, o fermento e o sal. Despejar numa vasilha e acrescentar a farinha aos poucos, até que a massa fique em boa consistência para ser enrolada. O ponto ideal é a massa um pouco "pegajosa". Sovar bem e deixar a massa descansar por duas horas. Polvilhar farinha numa mesa. Dividir a massa em duas partes e com cada uma enrolar três rolos. Fazer uma trança e deixar descansar em tabuleiros untados. Levar para assar, em forno médio, por aproximadamente 30 minutos.

Rosca da Dalila *(D. Elza, São Brás do Suaçuí)*

3 kg de farinha de trigo
100 g de fermento biológico
8 xícaras de leite morno
4 xícaras de açúcar
250 g de manteiga
250 g de óleo
8 ovos
1 colher (sopa) de sal

Misturar o fermento com o leite morno. Mexer bastante até dissolver tudo. Colocar 1 kg de farinha, reservar e esperar crescer. Depois, misturar o resto da farinha, os ovos, o sal, o açúcar, a manteiga e o óleo. Se precisar, colocar mais um pouco de farinha até dar consistência de enrolar. Esperar crescer. Enrolar e colocar em tabuleiro untado. Levar as roscas para assar em forno quente por aproximadamente 25 minutos. Se quiser, pincelar com gema de ovo.

Rosca fantasia / pão de frutas *(do caderno da Vovó Naná.)*

¾ de xícara de manteiga
¾ de xícara de açúcar
2 xícaras de maisena
2 colheres (chá) de sal
1 e ½ xícaras de água fervente
2 ovos bem batidos
2 colheres (sopa) de fermento biológico
½ xícara de água morna
6 e ½ xícaras de farinha de trigo peneirada

Colocar numa tigela grande a manteiga, o açúcar, a maisena e o sal. Juntar a água fervente e mexer até derreter toda a manteiga. Deixar descansar até que a mistura se amorne.

À parte, bater os ovos e juntar o fermento já dissolvido em água morna. Juntar à primeira mistura e mexer bem. Acrescentar metade da farinha de trigo e misturar bem, até a massa ficar macia. Adicionar o restante da farinha e amassar bem. Pincelar com manteiga e deixar descansar em lugar quente até dobrar de tamanho.

Depois de crescida, tomar metade da massa e abrir duas tiras de mais ou menos 4 cm de cumprimento por 5 cm de largura. Pincelar com manteiga e espalhar por cima qualquer geleia ou doce de leite. Enrolar no sentido do comprimento, prender as pontas e colocar na assadeira untada, dando forma de anel. Com uma tesoura, fazer cortes na parte exterior do anel. Deixar descansar até a massa dobrar de tamanho. Assar em forno moderado e, ao retirar do forno, pincelar com açúcar dissolvido em água.

Pão de frutas

Com a outra metade da massa da receita acima fazer a seguinte receita:

Frutas cristalizadas ou secas

Misturar à massa uma xícara de frutas cristalizadas ou secas, ameixa, nozes ou passas. Misturar bem. Fazer a forma de um pão e colocar numa assadeira untada. Pincelar por cima com manteiga derretida. Deixar descansar até dobrar de tamanho e levar para assar em forno moderado.

Rosca da Vovó

1 kg de farinha de trigo
100 g de manteiga ou óleo
2 tabletes de fermento biológico
2 colheres (sopa) de açúcar
1 colher (sopa) de sal
3 ovos
1 xícara de leite
Gema para pincelar
Frutas cristalizadas ou secas para recheio

Desmanchar o fermento em uma xícara de leite. Misturar os ingredientes, menos as frutas, e amassar até desgrudar das mãos. Adicionar um pouco de leite, se necessário. Cobrir com um pano de algodão e deixar crescer até dobrar de tamanho. Dividir a massa em seis partes. Abrir cada uma com um rolo numa superfície lisa, acrescentar as frutas e enrolar as duas tranças. Colocar em uma forma untada e pincelar com gema. Levar para assar em forno preaquecido e moderado por 30 minutos.

Rosquinhas

250 g de farinha de trigo
250 g de araruta
250 g de açúcar
125 g de manteiga
3 ovos grandes

Misturar todos os ingredientes amassando muito bem. Fazer cordões e enrolar as rosquinhas. Assar em forno médio, preaquecido, em tabuleiro untado e polvilhado.

Rosquinha de sal amoníaco
(Maria do Carmo Santos Costa, São Brás do Suaçuí)

2 kg de farinha de trigo
4 copos de açúcar
300 g de margarina
5 ovos
2 colheres (sopa) de sal amoníaco
4 copos de leite
Um punhado de sal
Canela a gosto

Misturar tudo, amassar bem. Fazer as rosquinhas e levar em tabuleiro untado para assar em forno regular. Deixar espaço entre as rosquinhas, porque crescem muito.

Rosquinhas ótimas

(D. Maria Amaral, Barbacena, do caderno da Dinha Lete)

½ kg de farinha de trigo
2 colheres (sopa) de manteiga
2 colheres (sopa) de coalhada
3 ovos
1 xícara de açúcar refinado
1 xícara de leite
Sal
1 colher (sopa) de sal amoníaco

Misturar todos os ingredientes e amassar até o ponto de enrolar. Se a massa ficar dura, amolecer com mais um pouco de leite. É bom deixar as rosquinhas ficarem bem assadas.

... e tinha um recadinho: "D. Dinorah, não se esqueça de ir pondo os ovos aos poucos porque às vezes pode ficar muito mole a massa".

Rosquinhas de coco

1 kg de farinha de trigo
100 g de coco ralado
1 lata de leite condensado
3 ovos
3 colheres (sopa) de manteiga
1 copo de leite
1 colher (sopa) de fermento em pó

Colocar a farinha numa gamela e juntar o coco ralado e o fermento. Misturar bem. Adicionar os ovos, a manteiga e o leite condensado. Misturar tudo, amassando bem. Juntar o leite aos poucos até a massa desgrudar das mãos. Enrolar as rosquinhas e colocar em forma untada. Levar em forno aquecido para assar.

Rosquinhas à moda

1 kg de farinha de trigo
1 pires raso de açúcar peneirado
2 colheres (sopa) de manteiga ou margarina
2 ovos
2 colheres (sopa) de sal amoníaco
1 xícara de leite
1 colher (café) de sal

Despejar a farinha sobre a mesa ou superfície de mármore. Fazer um buraco no meio e juntar o açúcar, os ovos, a manteiga, o sal amoníaco (previamente dissolvido no leite) e o sal. Amassar e, se necessário, despejar mais leite, até que a mistura tenha consistência suficiente para enrolar nas mãos, sem grudar. Recortar as tiras da espessura de um lápis, torcer e fazer as rosquinhas. Arrumar numa assadeira untada com manteiga e polvilhada com farinha. Deixar espaço entre elas, porque crescem bastante. Levar ao forno moderado, preaquecido, e assar por 30 minutos, até ficarem coradas e secas.

Rosquinhas de coco

Rosquinha amanteigada

Rosquinhas da Quaresma
(Imene Senra)

1 kg de farinha de trigo
1 garrafa de leite cru ou coalhada
2 pires pequenos de açúcar
1 pires de gordura derretida
1 colher (sopa) de sal amoníaco
Sal e cheiros

O nome deve-se ao fato de que essa receita não leva ovos. Na Quaresma, me foi explicado, as galinhas põem menos ovos.

Colocar a farinha numa gamela e deitar o sal amoníaco no meio. Derramar em seguida a gordura. Juntar os demais ingredientes e amassar. Fazer as rosquinhas e levar para assar em forno regular.

Rosquinhas mineiras (diet)

3 xícaras de farinha de trigo
½ xícara de adoçante em pó
2 colheres (sopa) de margarina
1 ovo
1 colher (sopa) de bicarbonato de amônio
Cerca de ½ xícara de leite desnatado
1 colher (chá) de raspas da casca de laranja

Colocar a farinha em uma tigela e fazer um buraco no centro. Juntar o adoçante, o ovo, a margarina, o bicarbonato de amônio, a casca de laranja e um pouco do leite. Misturar e mexer até que a massa fique firme, colocando todo o leite. Fazer bastões e enrolar dois a dois, formando a rosquinha. Levar ao forno médio-baixo até que fiquem firmes. Não deixar corar muito. Sirva com geleia de gengibre.

Rosquinhas deliciosas

175 g de manteiga ou margarina
1 xícara de açúcar
2 ovos inteiros
1 colher (chá) de erva-doce
3 xícaras de farinha de trigo
1 pitada de sal

Bater a manteiga com o açúcar até formar uma mistura cremosa. Juntar os ovos inteiros e a erva-doce, misturar bem para ligar. Adicionar aos poucos a farinha de trigo, misturada com o sal. Colocar em saco de confeitar, formar as rosquinhas e assar em forno regular, preaquecido, por 10 a 15 min.

Obs.: se preferir uma massa mais firme, que possa ser aberta com um rolo e cortada, usar apenas um ovo.

Rosquinha amanteigada
(Maria do Carmo Santos Costa, São Brás do Suaçuí)

2 kg de farinha com fermento
½ kg de açúcar
400 g de manteiga
5 ovos inteiros
Um pouco de sal
Leite até o ponto de enrolar

Misturar os ingredientes. Amassar. Fazer as rosquinhas e levar em tabuleiro untado para assar em forno regular.

Rosquinhas sem ovos

2 pratos de farinha de trigo
1 pires de gordura derretida
8 colheres (sopa) de açúcar refinado
2 colheres (sopa) de sal amoníaco
Leite, o necessário para enrolar
1 pitada de sal

Misturar todos os ingredientes, derramando a gordura quente por cima. Amassar bem. Fazer as rosquinhas e levar para assar em forno temperado.

Rosquinha de leite

1 xícara (chá) de leite
6 colheres (sopa) de açúcar
1 colher (sopa) de sal amoníaco
2 colheres (sopa) de manteiga
1 colher de (chá) de sal
1 xícara de açúcar cristal
Farinha de trigo até o ponto de enrolar

Dissolver o sal amoníaco no leite, misturar bem e acrescentar o sal, o açúcar e a manteiga. Aos poucos, juntar a farinha até formar uma massa lisa. Fazer as rosquinhas, passar no açúcar cristal e colocar no tabuleiro untado. Levar para assar em forno preaquecido.

Rosquinha de nata amanteigada
(Tonico, Senhora dos Remédios)

200 g de nata
200 g de manteiga
2 xícaras de açúcar
4 ovos
1 pitada de sal
1 kg farinha de trigo com fermento (ou até o ponto de enrolar)

Numa bacia ou gamela misturar todos os ingredientes (exceto a farinha) até dissolver o açúcar. Juntar a farinha aos poucos até a consistência de enrolar. Fazer as rosquinhas e colocar num tabuleiro para assar. Pincelar com gema de ovo e levar para assar em forno médio.

Tonico é quitandeiro e está todos os sábados na feira livre de Congonhas.

Rosquinha de nata amanteigada

Rosquinhas de nata (Lalada, Entre Rios de Minas)

2 copos de nata
1 copo de maisena
20 colheres (sopa) de açúcar refinado
1 colher (sopa) de manteiga
6 ovos
3 colheres (sopa) de fermento em pó
1 pitada de sal
1 kg de farinha de trigo (ou) até o ponto de enrolar
Açúcar
Canela em pó

Juntar todos os ingredientes e misturar bem. Fazer as rosquinhas e colocar em tabuleiro untado para assar em forno regular. Depois de assadas, passar as rosquinhas numa calda grossa e no açúcar com canela.

Rosquinhas de nata

1 copo de nata
1 copo de maisena
1 copo de açúcar
1 colher (sopa) de manteiga
1 ovo
1 colher (sopa) de fermento em pó
1 pitada de sal
Farinha de trigo até o ponto de enrolar

Juntar todos os ingredientes e misturar bem. Fazer as rosquinhas e colocar em tabuleiro untado para assar em forno regular.

Rosquinha de cachaça

1 kg farinha de trigo
3 ovos inteiros (batidos com garfo)
½ copo de óleo
½ copo de cachaça
1 colher (sopa) de fermento em pó
1 copo de açúcar

Numa bacia, colocar a farinha e os demais ingredientes, um a um, exceto a cachaça. Bater os ovos e juntar também. Misturar tudo bem e sovar. Fazer as rosquinhas e colocar em tabuleiro para assar em forno quente. Não é necessário untar o tabuleiro. Depois de assada, passar as rosquinhas, ainda quentes, na cachaça e no açúcar.

Bolo de laranja com casca

(Nely Ribeiro, datada de 24/10/92, com anotação: "Para Imene saborear nas tardes de domingo oferta sua amiga Nely".)

1 laranja cortada em pedacinhos com a casca, sem o miolo e as sementes
2 xícaras de açúcar refinado
3 ovos
1 copo de margarina derretida
1 pitada de sal
3 xícaras de farinha de trigo
1 colher (sopa) de fermento em pó

Bater no liquidificador os primeiros cinco ingredientes. Despejar numa tigela e juntar a farinha de trigo e o fermento. Bater bem. Levar para assar em tabuleiro untado. Depois de assado despejar sobre o bolo o glacê.

Para o glacê: 1 xícara de caldo de laranja com bastante açúcar refinado.

Bolo de batata-doce

3 xícaras de batata-doce
2 xícaras de leite
200 g de margarina
1 xícara de maisena
2 xícaras de farinha de trigo
2 e ½ xícaras de açúcar
2 colheres (sopa) de fermento em pó
1 pitada de sal
4 ovos

Bater a batata cozida e picada no liquidificador com o leite. Reservar. Bater as claras em neve com o sal e reservar. Misturar numa outra vasilha o açúcar com a margarina e as gemas, até formar um creme homogêneo. Depois, juntar a batata reservada, a maisena, a farinha e o fermento. Por último, misturar as claras. Levar para assar num tabuleiro untado e enfarinhado em forno médio, por aproximadamente 30 minutos.

Obs.: O sal é usado em todos as receitas de quitanda doces e serve para realçar o sabor. Normalmente nem é citado nas receitas, mas quem cozinha sabe e usa.

Bolo de baunilha *(Ana Rita Osório Senra)*

6 ovos
1 colher (sopa) de essência de baunilha
1 copo americano de água
2 xícaras de açúcar refinado
2 xícaras de farinha de trigo
1 xícara de leite
1 colher (sopa) de fermento em pó

Bater as gemas, a baunilha e a água até espumar. À parte, misturar o açúcar, a farinha e o fermento. Numa vasilha grande colocar a gemada e incorporar com a mistura da farinha. Por último, bater as claras em neve e colocá-las delicadamente. Despejar numa forma de bolo e levar para assar em forno moderado.

Bolo comum

Bolo comum (Ana Rita Osório Senra)

6 ovos
6 colheres de margarina
3 xícaras de açúcar
2 xícaras de leite
6 xícaras de farinha de trigo
2 colheres (sopa) de fermento em pó

Bater a margarina, as gemas e o açúcar até formar um creme esbranquiçado. Acrescentar a farinha de trigo alternando com o leite. Misturar o fermento e, por último, acrescentar as claras em neve bem delicadamente. Despejar numa forma untada e levar para assar em forno quente.

Bolo majestoso

2 xícaras de açúcar
1 xícara de manteiga
3 ovos
3 xícaras de farinha de trigo
1 xícara de leite
1 colher (sopa) de fermento em pó

Bater bem o açúcar com a manteiga e as gemas. Misturar aos poucos o leite e a farinha peneirada com o fermento. Por último, as claras em neve. Despejar numa forma untada e levar para assar em forno temperado.

Bolo do campo

1 xícara de manteiga
1 xícara de farinha de trigo
1 xícara de maisena
1 xícara de leite
2 xícaras de açúcar
1 colher (sopa) de fermento em pó
3 ovos
Calda de doce de fruta para cobrir

Bater bem a manteiga com o açúcar, até a mistura ficar branca. Quebrar os ovos um a um, batendo sempre. Colocar a farinha e a maisena. Misturar o leite com o fermento e juntar à massa. Misturar bem e assar em tabuleiro untado. Depois de assado, furar com um palito, de alto a baixo do bolo, e colocar, aos poucos, calda de doce de frutas.

Bolo de claras (do caderno da Dinha Lete)

8 claras bem batidas
2 xícaras de açúcar
2 xícaras de queijo
2 xícaras de farinha de trigo
2 colheres (sopa) de manteiga

Misturar tudo e colocar em forma untada. Colocar para assar em forno regular.

Bolo formigueiro

4 ovos
2 colheres (sopa) de margarina
2 copos de açúcar refinado
2 copos de farinha de trigo
1 copo de leite
1 pacote de chocolate granulado (100 g)
1 colher (sopa) de fermento em pó
Açúcar refinado e canela em pó para polvilhar

Bater bem as gemas, o açúcar e a margarina. Juntar os demais ingredientes. As claras devem estar batidas em neve, e o chocolate granulado é colocado por último para que não desmanche. Colocar em assadeira untada e levar para assar em um forno regular. Depois de pronto, polvilhar com canela e açúcar.

Bolo de fubá (Ana Rita Osório Senra)

3 ovos inteiros
½ copo de óleo
1 copo de leite
3 colheres (sopa) da farinha de trigo
1 copo de açúcar
3 colheres (sopa) de queijo mineiro
1 copo de fubá
1 colher (sopa) de margarina
1 colher (sopa) de fermento em pó
Erva-doce a gosto

Bater no liquidificar os ovos, o óleo e o leite. Despejar numa vasilha e acrescentar, devagar, a farinha, o açúcar, o queijo, o fubá, a margarina, a erva-doce e, por último, o fermento em pó. Colocar em forma untada e levar para assar em forno quente.

Bolo de fubá cozido

2 xícaras de fubá
2 xícaras de açúcar
2 xícaras de leite
1 xícara de óleo
1 colher (sopa) de fermento em pó
1 colher (sobremesa) de erva-doce
1 xícara de queijo ralado meia-cura
5 ovos

Misturar o fubá, o leite, o açúcar e o óleo. Levar ao fogo por 10 minutos, mexendo sem parar, até virar um mingau bem cozido. Deixar esfriar e acrescentar as gemas, o queijo ralado e a erva-doce. Por último, bater as claras em neve e acrescentar à massa junto com o fermento. Misturar devagar e colocar em forma untada e enfarinhada. Levar ao forno quente por aproximadamente 30 minutos.

Bolo de fubá com queijo

1 xícara de fubá
1 xícara de farinha de trigo
1 colher (sopa) de fermento em pó
1 xícara de açúcar
5 colheres (sopa) de iogurte natural
5 colheres (sopa) de azeite de oliva
1 xícara de leite
1 xícara de queijo de minas fresco picado
2 colheres (chá) de erva-doce

Peneirar em uma tigela o fubá, a farinha de trigo, o fermento e o açúcar. Fazer uma cavidade no centro. Juntar o iogurte, 4 colheres (sopa) de azeite de oliva e o leite. Misturar até obter uma massa homogênea. Juntar o queijo e a erva-doce e misturar mais um pouco. Com o restante do azeite, untar uma assadeira de 25 cm de diâmetro e polvilhar fubá. Despejar a massa e levar ao forno preaquecido, regular, até que, enfiando um palito, este saia limpo. Retirar do forno e desenformar ainda morno.

Bolo de fubá caipira

3 xícaras de fubá
1 xícara de farinha de trigo
3 ovos inteiros
2 xícaras de açúcar
1 pitada de sal
2 xícaras de leite
1 colher (sopa) de fermento em pó
Erva-doce moída

Ferver o leite junto com a erva-doce e deixar esfriar. Numa vasilha, misturar os ovos, o açúcar e o sal, e, aos poucos, a farinha com o fermento e o fubá. Colocar numa forma untada, levar ao forno bem quente por aproximadamente 40 minutos.

Bolo chávena*

4 chávenas de açúcar refinado
5 ovos
2 e ½ chávenas de caldo de laranja
6 chávenas de farinha de trigo
2 colheres (sopa) de fermento em pó

1 lata de leite condensado
1 vidro de leite de coco (200 ml)
Coco ralado

Bater o açúcar com os ovos até ficar cremoso e esbranquiçado. Juntar o caldo de laranja. Aos poucos, juntar a farinha de trigo, peneirada com o fermento. Colocar para assar em tabuleiro untado em forno médio. Para fazer a cobertura, misturar o leite condensado com o leite de coco. Espalhar por cima do bolo ainda quente e polvilhar com coco ralado.

* "Chávena" é o mesmo que xícara de chá. Denominação ainda usada em Portugal.

Bolo mineiro

1 kg de farinha de trigo
1 kg de açúcar
1 copo de coalhada (escorrido o soro), ou leite azedo
½ dúzia de ovos
2 colheres (sopa) de manteiga
2 colheres (sopa) de gordura
1 colher (chá) de bicarbonato de sódio
1 xícara de leite

Juntar a farinha com o açúcar e a coalhada. Amassar até ficar uma massa bem fina. Misturar os ovos, a manteiga e a gordura. Depois de bem misturados, dissolver o bicarbonato de sódio em uma xícara de leite e misturar tudo. Levar ao forno em forma untada.

Bolo de queijo de minas

2 copos de farinha de trigo
2 copos de açúcar refinado
2 copos de queijo de minas ralado
4 colheres (sopa) de manteiga
2 colheres (sopa) de fermento em pó
1 copo de leite
4 ovos
1 pitada de sal, se preciso

Bater as gemas, a manteiga e o açúcar até ficar cremoso. Misturar a farinha de trigo, o queijo e o leite sem bater. Bater as claras em neve e juntar o fermento em pó. Misturar tudo. Assar em tabuleiro untado e enfarinhado, em forno quente. Se quiser, polvilhar o bolo com açúcar e canela.

Bolo de banana (Ana Rita Osório Senra)

2 ovos
½ xícara de óleo
1 xícara de açúcar refinado
1 xícara de banana amassada
1 e ½ xícara de farinha de trigo
1 colher (sopa) de fermento em pó

Bater as claras em neve, acrescentar as gemas e, sem parar de bater, juntar o óleo e o açúcar até ficar um creme esbranquiçado. Misturar a banana, a farinha de trigo e, por último, o fermento. Levar ao forno quente por aproximadamente 30 minutos.

Bolo de banana

Bolo de banana *(Cristina Senra)*

3 xícaras de farinha de trigo
4 xícaras de açúcar cristal
1 colher (sopa) de manteiga
3 ovos
2 xícaras de leite
1 colher (sobremesa) de fermento em pó
1 colher (chá) de sal
1 colher (chá) de canela
12 bananas-caturras
Raspinha de noz-moscada

Queimar duas xícaras de açúcar para a calda. Untar uma forma redonda com a calda. Colocar fatias de 10 bananas alternadas. Reservar. Bater duas xícaras de açúcar com a margarina*, os ovos, a farinha peneirada, o sal, a canela, a noz-moscada e o fermento. Acrescentar o leite e duas bananas amassadas, misturando bem. Despejar a massa no tabuleiro com as bananas e levar para assar em forno médio.

A manteiga é mais saudável que a margarina, no entanto, é mais cara. Ambas dão o mesmo resultado, embora interfiram sutilmente no sabor.

Bolo de banana

2 ovos
1 colher (sopa) de manteiga
1 xícara de açúcar cristal
1 xícara de farinha de trigo
1 copo de leite
8 bananas (prata ou caturra)
1 colher (café) de fermento em pó

Bater bem os ovos, a manteiga e o açúcar até ficar uma massa homogênea. Acrescentar a farinha de trigo com o fermento e o leite (que não pode ser gelado) aos poucos. Cortar as bananas em fatias e colocar de forma alternada no tabuleiro untado com manteiga e enfarinhado. Despejar a massa e assar em forno preaquecido por aproximadamente 15 minutos.

Bolo de cascas de banana

2 xícaras de cascas de bananas maduras
4 ovos
2 e ½ xícaras de açúcar
3 xícaras de farinha de trigo
100 g de margarina
2 colheres (sopa) fermento em pó
1 colher (sopa) de canela em pó para polvilhar

Bater no liquidificador as cascas de banana com um pouco de água e reservar. Bater na batedeira a margarina, juntar as gemas, o açúcar, as cascas batidas e a farinha. Bater as claras em neve. Retirar da batedeira e juntar as claras em neve e o fermento, apenas misturando. Untar o tabuleiro com margarina e polvilhar a farinha de trigo. Despejar a massa, polvilhando por cima com a canela. Levar para assar em forno preaquecido, por aproximadamente 15 a 20 minutos.

Bolo Tio Juca *(do caderno da Dinha Lete, datada de 05/07/1933)*

3 ovos
1 xícara (chá) de manteiga
2 xícaras de açúcar
3 xícaras de farinha de trigo
2 xícaras de leite
1 colher (sopa) de fermento em pó

Bater as gemas, o açúcar e a manteiga até a massa ficar quase branca. Misturar a farinha, juntamente com o leite e o fermento. Por último, bater as claras em neve e juntar à massa. Untar uma forma com óleo e levar para assar em forno temperado.

Bolo de maisena

1 xícara de farinha de trigo
1 xícara de maisena
1 xícara (chá) de margarina
1 e ½ xícara de açúcar
3 ovos
1 colher (sopa) de fermento em pó
1 xícara de leite

Bater a margarina até ficar cremosa, juntar o açúcar aos poucos e as gemas uma a uma, batendo sempre. Peneirar a maisena, a farinha de trigo e o fermento, misturando tudo à massa, alternadamente com o leite. Por último, bater as claras em neve e misturar sem bater. Despejar a massa em forma untada e enfarinhada. Assar em forno médio.

Bolo de maisena *(Imene Senra)*

2 xícaras de farinha de trigo
2 xícaras de maisena
2 xícaras de açúcar
1 e ½ xícara de leite
Sal
2 colheres (sopa) de manteiga, bem cheias
4 ovos
1 colher (sopa) de fermento em pó

Peneirar o açúcar, misturando com a farinha, o sal e a maisena. Juntar aos poucos o leite. Acrescentar a manteiga derretida e misturar bem. Bater os ovos como para pão de ló* e acrescentar à massa. Por fim, juntar o fermento. Misturar muito, mas sem bater. Levar ao forno quente em forma untada.

*Ovos batidos como para pão de ló: bater as claras em neve, ajuntar as gemas e continuar batendo até ficarem claras.

Obs.: este bolo não é batido, mas os ingredientes devem ser bem misturados.

Bolo de cenoura

Bolo de cenoura

2 e ½ xícaras de farinha de trigo
1 e ½ xícara de açúcar
½ xícara de óleo
1 colher (sopa) de fermento em pó
4 ou 5 cenouras cruas, sem pele e picadas
4 ovos
Essência de baunilha

Bater no liquidificador os ingredientes, deixando por último a farinha de trigo e o fermento. Despejar em forma untada e enfarinhada. Levar ao forno quente para assar.

Fazer cobertura de chocolate e colocar depois de assado, antes de esfriar.

Bolo de cenoura vermelha
(D. Beatriz, do caderno da Tia Geny)

1 xícara de cenouras cruas, cortadas ao comprido
1 xícara de óleo
3 ovos inteiros
1 xícara de açúcar refinado
2 xícaras de farinha de trigo
1 colher (sopa) de fermento
1 pitada de sal
Açúcar refinado
Canela em pó

Bater no liquidificador a cenoura, o óleo e os ovos. Despejar numa vasilha e acrescentar, aos poucos, os outros ingredientes. Colocar a massa num tabuleiro untado. Levar para assar em forno de temperatura média. Depois de frio, cortar em pedaços e passar no açúcar com canela.

Bolo de cenoura

300 g de cenoura cozida
2 copos de farinha de trigo
1 colher (sopa) de fermento em pó
¾ de copo de óleo
2 copos de açúcar
4 ovos
1 pitada de sal

1 lata de creme de leite
3 colheres (sopa) de açúcar refinado
3 colheres (sopa) de chocolate em pó

Bater no liquidificador a cenoura, o óleo, o açúcar e os ovos. Numa vasilha juntar a farinha peneirada com o fermento e o sal. Despejar a massa do liquidificador por cima e bater bem. Colocar num tabuleiro untado e enfarinhado e levar ao forno quente para assar.

Para a cobertura, juntar o creme de leite, o açúcar e o chocolate e levar ao fogo mexendo bem, até o ponto de cobertura. Colocar ainda quente sobre o bolo.

1 xícara de manteiga
2 xícaras de açúcar
1 xícara de polvilho de araruta
2 xícaras de farinha de trigo
1 xícara de leite
1 colher (sopa) de fermento em pó
3 ovos
Raspas de limão

2 xícaras de farinha de trigo
1 xícara de maisena
1 xícara de açúcar
1 xícara de leite
1 colher (sopa) de fermento em pó
1 xícara de margarina
1 pitada de sal
3 ovos
2 colheres (chá) de canela em pó

5 ovos
10 colheres (sopa) de açúcar
15 colheres (sopa) de farinha de trigo

2 copos de farinha de trigo
2 copos de açúcar
2 colheres (sopa) de manteiga, margarina ou banha
2 colheres (sopa) de fermento em pó
2 copos de fubá
2 copos de leite
2 ovos
2 colheres (café) de sal

Bolo tentação *(do caderno da Dinha Lete)*

Este bolo era o carro-chefe da casa da Vovó Naná. Era o bolo de todo dia, de qualquer hora.

Bater bem a manteiga e o açúcar. Misturar as gemas, o polvilho, a farinha, peneirada com o fermento, o leite e as raspas de limão. Por último, bater as claras em neve e juntar à massa. Levar em forno quente, em forma untada com manteiga.

Bolo de canela

Bater a margarina com o açúcar, até obter um creme homogêneo. Juntar os ovos e misturar bem. Acrescentar a maisena, a farinha, o fermento e o sal e, aos poucos, o leite. Colocar em forma untada e enfarinhada e levar ao forno médio para assar por cerca de 45 minutos. Misturar açúcar e canela e polvilhar.

Bolo 5-10-15 *(Viviane Martins da Silva)*

Bater as claras, juntar as gemas e depois o açúcar, batendo sempre. Juntar a farinha e continuar batendo. Colocar numa forma untada e levar para assar em forno regular.

Bolo dois

Misturar todos os ingredientes. Colocar numa forma de bolo ou tabuleiro untado e colocar para assar em forno quente.

Bolo de mandioca crua

4 ovos
3 copos e meio de leite
1 colher (sopa) de sal
550 g de açúcar refinado
250 g de margarina
150 g de coco ralado
220 g de farinha de trigo
800 g de mandioca crua ralada

Colocar em uma vasilha o açúcar, os ovos, o sal e a margarina e misturar até ficar uma mistura homogênea. Acrescentar a farinha e o coco. Colocar o leite aos poucos. Por último, misturar a mandioca. Colocar em uma forma untada com margarina e enfarinhada. Levar ao forno quente para assar por aproximadamente 40 minutos.

Obs.: *o bolo não cresce, porque não leva fermento.*

Bolo de mandioca e coco

1 kg de mandioca
4 colheres (sopa) de manteiga
3 ovos batidos
1 xícara de açúcar
1 xícara de leite de coco
1 colher (chá) de sal
½ xícara de água fervente
Canela em pó

Cozinhar a mandioca e passar na máquina de moer. Acrescentar a água fervente e passar numa peneira. Juntar a manteiga, os ovos batidos, o leite de coco, o açúcar e o sal. Misturar bem. Despejar em uma forma untada. Polvilhar levemente a canela e colocar para assar em forno previamente aquecido por aproximadamente 50 minutos.

Bolo cremoso de mandioca

1 xícara de açúcar
1 xícara de leite de coco
1 xícara de manteiga
½ colher (sopa) de fermento em pó
1 kg de mandioca
5 ovos

1 e ½ xícara de coco ralado fresco ou seco
1 xícara de açúcar
1 xícara de água

Descascar e ralar a mandioca. Reservar. Numa tigela, bater a manteiga com o açúcar até obter uma massa homogênea. Juntar os ovos e bater. Adicionar a mandioca, o fermento e o leite de coco. Misturar bem. Untar a forma com manteiga e levar para assar em forno médio, preaquecido, por aproximadamente 30 minutos.

Caramelizar o açúcar. Adicionar água aos poucos, até dissolver. Deixar ferver por três minutos. Juntar o coco, deixando mais dois minutos. Retirar do fogo e cobrir o bolo.

Bolo de milho verde

(Sônia Sanches, São Paulo)

3 ovos
1 copo de leite
½ copo de óleo
9 colheres (sopa) de milharina
2 xícaras de açúcar
200 g (ou 1 lata) de milho verde com caldo
1 colher (sopa) de fermento em pó

Bater tudo no liquidificador e despejar num tabuleiro untado e polvilhado com milharina. Levar ao forno quente para assar por aproximadamente 45 minutos.

Bolo de milho

6 espigas grandes de milho verde
2 xícaras de leite
2 colheres (sopa) de manteiga derretida
2 xícaras de açúcar
4 ovos
1 colher (chá) de canela
1 colher (sobremesa) de fermento em pó

Cortar as espigas e moer os grãos, aos poucos, no liquidificador, com um pouco de leite. Passar pela peneira. Juntar os ovos, o açúcar, a canela e a manteiga, batendo até ficar uma mistura homogênea. Acrescentar o fermento. Colocar num tabuleiro untado e levar ao forno por aproximadamente 40 minutos.

Bolo de rapadura

2 xícaras de rapadura em pedaços
2 xícaras de farinha de trigo
4 ovos
200 g de manteiga
1 lata de leite condensado
1 colher (sopa) de fermento
1 colher (chá) de bicarbonato de sódio

1 lata de leite condensado
100 g de castanhas-de-caju picadas

Levar a rapadura ao fogo com duas xícaras de água e deixar ferver em fogo baixo até dissolver. Retirar do fogo e reservar. Bater a manteiga com o leite condensado, as gemas e a calda de rapadura (deixar um pouco para a cobertura). Acrescentar a farinha de trigo, o fermento e o bicarbonato. Por último, bater as claras em neve e adicionar à mistura. Colocar a massa em uma forma refratária com um furo central, untada e enfarinhada. Levar para assar em forno médio preaquecido, por cerca de 40 minutos. Retirar da forma assim que estiver morno.

Para a cobertura, misturar o leite condensado com um pouco do caldo da rapadura e levar ao fogo baixo por cerca de oito minutos, mexendo sempre. Colocar a cobertura e decorar com castanhas.

Bolo 10 copos

2 copos de fubá
2 copos de açúcar
2 copos de queijo ralado
1 copo de farinha de trigo
1 copo de coco ralado
2 copos de leite
5 ovos
1 e ½ colher (sopa) de fermento em pó
1 pitada de sal

Misturar numa gamela o fubá, a farinha com o fermento e sal. Juntar o queijo ralado, o coco, o açúcar, os ovos e, por último, o leite, batendo sempre. Despejar num tabuleiro untado e colocar para assar em forno quente.

Bolo de farelo de aveia e maçã

1 xícara açúcar mascavo
1 xícara de farelo de aveia
1 colher (sopa) de canela em pó
1 colher (sopa) de fermento em pó
1 e ½ xícara de farinha de trigo
1 xícara de leite
½ xícara de manteiga
2 maçãs picadas sem casca
3 ovos

Bater as claras em neve e reservar. Bater as gemas, o açúcar e a manteiga. Acrescentar o farelo de aveia, a farinha, canela, o leite e o fermento. Adicionar as claras em neve e as maçãs picadas. Colocar a massa numa forma untada e enfarinhada (de preferência aquelas com buraco no meio). Levar para assar por 40 minutos, em forno preaquecido.

Bolo de maçã

3 maçãs picadas
½ xícara de damasco seco picado
¾ xícara de óleo
3 ovos
2 xícaras de açúcar mascavo
1 xícara de farinha de trigo refinada
1 xícara de farinha de trigo integral
1 pote de iogurte desnatado
1 colher (sopa) de canela em pó
1 colher (sopa) de fermento em pó

Misturar o óleo com as gemas, acrescentar o açúcar, as farinhas de trigo, o iogurte, a canela em pó, as maçãs, os damascos, as claras em neve e o fermento. Levar para assar em forma untada, forno preaquecido, por cerca de 30 minutos.

Bolo de maçã e canela

5 maçãs grandes
2 xícaras de açúcar
¾ de xícara de óleo de milho
3 ovos
2 xícaras de farinha de trigo
1 colher (sopa) de fermento em pó
1 colher (sopa) de canela em pó
Açúcar e canela em pó para polvilhar

Bater no liquidificador o açúcar, o óleo de milho, os ovos e uma maçã picadinha. Numa gamela juntar a farinha de trigo peneirada, o fermento e a canela. Adicionar a mistura que foi batida no liquidificador. Picar as maçãs restantes e adicionar à massa. Colocar em uma forma untada e enfarinhada. Polvilhar com açúcar e canela. Cobrir com papel alumínio e levar ao forno por aproximadamente 40 minutos.

Obs.: fica ótimo no dia seguinte, pois fica molhadinho. As maçãs podem ser substituídas por bananas.

Bolo de maçã, aveia e canela *(Imene Senra)*

1 xícara de açúcar
100 g de margarina
3 ovos
3 maçãs descascadas e cortadas em cubinhos
1 xícara de aveia (flocos finos)
1 e ½ xícara de farinha de trigo
1 colher (chá) de canela em pó
1 colher (sopa) de fermento em pó

Açúcar
Canela em pó

Numa gamela, bater a margarina com o açúcar até obter um creme homogêneo. Juntar os ovos e as maçãs, misturando bem. Acrescentar a aveia e a farinha de trigo, sempre misturando. Juntar a canela e o fermento. Despejar a massa na forma untada e enfarinhada.

Para a cobertura, fazer uma mistura de canela e açúcar e polvilhar com a massa ainda crua. Levar para assar por aproximadamente 30 minutos em forno médio preaquecido.

Bolo de mel

2 xícaras de farinha de trigo
3 colheres (sopa) de manteiga
3 ovos
1 xícara de mel
1 colher (sopa) de fermento em pó
Canela
Sal

Bater o mel e a manteiga. Juntar os ovos bem batidos, a farinha e o fermento, sal e canela. Misturar bem e levar ao forno regular em forma untada.

Bolo da mineira

4 xícaras de farinha de trigo integral
3 xícaras de rapadura raspada (ou açúcar mascavo)
½ xícara de castanha-do-pará
1 xícara de passas
1 colher (chá) de bicarbonato de sódio
1 colher (sopa) de fermento em pó

---

3 laranjas inteiras (tirar somente a casca e as sementes)
3 ovos inteiros
1 xícara de margarina
2 colheres (sopa) de óleo

Ganhei esta receita da prima Cristina. Com o passar do tempo, fui modificando-a aos poucos, uma laranja a mais, uma pitada disso, outra daquilo, aumenta daqui, troca isso. Essa é a minha receita final, que chamo de bolo da mineira, porque uma vez levei aos amigos de São Paulo, e ela acabou virando história. Ela é muito apreciada também entre os amigos que me visitam para um chá com poesia, prosa, livros e conversa fiada.

Bolo da mineira: um momento especial, farinha de trigo integral, açúcar mascavo, ovos, pitada de carinho, passas, boa música de fundo, castanha-do-pará, fermento da amizade, laranja, votos de sucessos e muito alto astral.

Misturar numa vasilha a farinha de trigo – peneirada com o bicarbonato e o fermento –, o açúcar mascavo, a castanha-do-pará e as passas. No liquidificador, bater as laranjas picadas sem cascas e sem sementes, os ovos, a margarina e o óleo. Juntar os ingredientes do liquidificador aos da vasilha. Misturar bem, batendo um pouco. Colocar em forma untada e polvilhada com farinha de trigo e levar para assar em forno quente por aproximadamente 30 minutos.

Bolo de mel *(do caderno da Tia Geny)*

2 xícaras de farinha de trigo
1 xícara de maisena
1 xícara de leite
1 xícara de açúcar
3 colheres (sopa) de nata
1 xícara de mel
1 colher (sopa) de fermento em pó
1 colher (sopa) de chocolate em pó
Canela, noz-moscada, cravo em pó (opcional)

Bater a nata com o mel e o açúcar. Juntar os demais ingredientes. Misturar bem e levar ao forno regular em forma untada e enfarinhada.

Bolo de frutas

6 xícaras de farinha de trigo
4 xícaras de açúcar
8 ovos
400 g de manteiga sem sal
2 xícaras de leite
2 colheres (sopa) bem cheias de fermento em pó
2 colheres (chá) rasas de essência de baunilha
150 g de chocolate em pó
100 g de uva-passa sem sementes
½ kg de doce de figo em calda
½ kg de doce de laranja
250 g de castanha-do-pará ou castanha-de-caju

Caramelizar o açúcar com a manteiga, juntar as gemas e bater bem até ficar cremoso. Acrescentar o leite com o chocolate desmanchado nele, a farinha, o fermento e depois as claras em neve. Juntar, por último, as frutas já picadas e a essência de baunilha. Levar para assar em forma untada e enfarinhada, em forno quente, mas controlando a temperatura.

Bolo de nozes

½ xícara de óleo
2 xícaras de farinha de trigo
1 xícara de açúcar
3 ovos
½ colher (sopa) de fermento em pó
1 xícara de nozes moídas
½ xícara de uva-passa sem sementes

1 gema
2 colheres (sopa) de açúcar
½ de xícara de nozes picadas

Numa tigela misturar o óleo, a farinha, o açúcar, os ovos, o fermento, as nozes moídas e as passas. Despejar em forma untada. Levar para assar em forno moderado, preaquecido, por aproximadamente 30 minutos.

Pincelar com a gema e polvilhar com o açúcar misturado com as nozes picadas. Voltar ao forno por mais cinco minutos. Retirar, esperar esfriar e tirar da forma.

Bolo de castanha-do-pará

½ xícara de castanha-do-pará moída
1 xícara de maionese
2 xícaras de açúcar
2 ovos
2 xícaras de farinha de trigo
1 colher (sopa) de fermento em pó
1 xícara de leite
½ xícara de uva-passa

Bater a maionese, o açúcar e os ovos. Acrescentar a farinha e o fermento peneirados juntos, alternando com o leite. Juntar a castanha e a uva-passa. Colocar numa forma redonda média, untada e enfarinhada. Levar para assar em forno médio por uma hora.

Bolo de cenoura com queijo
(sem açúcar)

3 ovos
½ xícara de margarina *light*
½ xícara de adoçante em pó
1 xícara de farinha de trigo integral
2 cenouras médias raladas
1 pera média ralada
1 colher (sopa) de fermento em pó
1 colher (sopa) de canela em pó

½ xícara creme de leite sem sal
1 colher (sopa) de suco de limão
1 colher (chá) de essência de baunilha
1 colher (sopa) de adoçante em pó

Bater a margarina, as gemas e o adoçante. Juntar a farinha, a cenoura e a pera. Misturar devagar as claras, o fermento e a canela. Despejar em forma untada e enfarinhada e levar ao forno médio-baixo, preaquecido, por 40 minutos. Espere esfriar para desenformar. Misturar os ingredientes da cobertura e espalhar sobre o bolo.

Bolo d'água *(Nally Fernandes)*

3 ovos
2 xícaras de açúcar
2 xícaras de farinha de trigo
1 colher (sopa) de fermento em pó
1 xícara de água

Bater as gemas e o açúcar. Acrescentar a água aos poucos, batendo sempre. Juntar a farinha peneirada com o fermento. Bater as claras em neve e juntar à massa.

Obs.: *Se em vez de água, usar suco de laranja, o bolo fica muito mais saboroso e nutritivo.*

Goiabinha

Bolinhos suíços

2 e ½ xícaras de farinha de trigo
3 colheres (chá) de fermento em pó
1 xícara de açúcar
150 g de chocolate meio amargo picado
100 g de nozes picadas
200 g de manteiga derretida
4 ovos batidos
1 pitada de canela
1 pitada de sal
1 xícara de café frio (coado)

Numa vasilha, misturar o açúcar, a canela, o sal, o chocolate picado e as nozes. Acrescentar a farinha de trigo peneirada com o fermento. Juntar, mexendo, a manteiga derretida, os ovos, um a um, e o café. Colocar em forminhas untadas com manteiga e levar ao forno para assar. Como adicional, fazer uma calda com chocolate derretido e creme de leite e colocar em cima de cada um dos bolinhos.

Goiabinha

2 xícaras de farinha de trigo
¾ de xícara de manteiga sem sal
1 e ½ colher (sopa) de açúcar
150 g de goiabada cremosa
1 xícara de açúcar

Misturar a farinha com a manteiga e o açúcar e amassar bem. Fazer bolinhas, achatar no meio e rechear com um pouco da goiabada cremosa. Levar para assar em forno regular, preaquecido, por 20 minutos ou até que dourem. Retirar, deixar esfriar e só então polvilhar o açúcar.

Bolachinhas (D. Maria Amaral, Barbacena)

½ kg de polvilho
½ kg de farinha de trigo
½ kg de açúcar refinado
3 ovos
2 colheres (sopa) de manteiga
2 colheres (sopa) de banha
1 colher (sopa) de sal amoníaco
1 colher (chá) de sal
Leite

Em folha solta, dentro do caderno da Dinha Lete, com o recado da Anita: "Para a Celeste, com um abraço da amiga Maria Amaral".

Dissolver o amoníaco no leite fresco. Misturar os ingredientes. Abrir a massa com um rolo e cortar as bolachinhas. Assar em tabuleiro em forno moderado.

Bolachinhas Chiquita

2 xícaras de amêndoas picadas (ou castanhas)
2 e ½ xícaras de farinha de trigo
2 colheres (chá) de fermento em pó
1 pitada de bicarbonato de sódio
⅔ de xícara de manteiga
1 xícara de açúcar
1 xícara de bananas amassadas
2 ovos
Sal
1 colher (chá) de essência de baunilha

Peneirar juntos a farinha, o fermento, o bicarbonato e o sal e reservar. Bater a manteiga até ficar cremosa. Acrescentar o açúcar aos poucos, batendo até a massa ficar fofa. Juntar os ovos, um a um. Continuar batendo. Adicionar a baunilha e os ingredientes secos. Adicionar a banana amassada. Fazer bolinhas usando uma colher de sopa. Colocar as amêndoas picadas por cima e levar para assar em forno moderado por aproximadamente 10 minutos.

Bolachas mineiras

400 g de maisena
100 g de farinha de trigo
250 g de manteiga
300 g de açúcar
2 ovos
2 gemas
1 colher (chá) de fermento em pó
1 pitada de sal

Misturar todos os ingredientes amassando bem. Abrir a massa com um rolo, cortar em pequenos círculos. Assar em tabuleiro untado e enfarinhado, em forno quente.

Bolacha Marina *(Ana Rita Osório Senra)*

1 xícara de açúcar refinado
2 colheres (sopa) de manteiga
4 ovos
1 copo de leite
1 colher (chá) de amoníaco
Farinha de trigo até o ponto de enrolar (menos de ½ kg)
Canela e essência de baunilha

Bater o açúcar e a manteiga. Acrescentar os ovos batidos e continuar a bater. Misturar o amoníaco ao leite e adicionar à mistura acima. Juntar a canela, a essência de baunilha e a farinha de trigo até dar o ponto de enrolar. Fazer as bolachas pequenas, torcidas, e levar para assar em tabuleiro untado e enfarinhado, em forno quente.

Bolachinha de nata *(Nilza, São Brás do Suaçuí)*

1 copo de nata
3 ovos
7 colheres (sopa) de açúcar refinado
Sal
1 colher (sopa) de amoníaco
Farinha de trigo

Misturar bem os ingredientes adicionando farinha de trigo até o ponto de enrolar. Amassar bem e enrolar em tiras, formando rolinhos. Picar em toquinhos pequenos, passar no açúcar refinado e levar para assar em forno moderado.

Bolachinha

1 kg de farinha de trigo
1 kg de polvilho peneirado
1 kg de açúcar
12 ovos
2 colheres (sopa) bem cheias de manteiga
2 colheres (sopa) de gordura
1 colher (sopa) de bicarbonato
Canela, erva-doce

Misturar tudo, abrir a massa e cortar com forminhas. Colocar em tabuleiro untado e levar ao forno quente para assar.

Biscoito de queijo

1 prato de polvilho doce
1 prato de queijo meia-cura ralado
1 prato de óleo pelo vinco
5 ovos
1 copo de leite cru (ou até dar o ponto de enrolar)
1 colher (sopa) de sal

Juntar o polvilho, o óleo e os ovos. Sovar bem. Colocar o leite com sal e misturar bem. Juntar o queijo e sovar até o ponto de enrolar. Assar em forno quente.

Saudades ternas *(do caderno da Vovó Naná)*

½ kg de polvilho
½ kg de açúcar
3 colheres de manteiga
4 gemas
Sal

Amassar bem todos os ingredientes e fazer os biscoitinhos do feitio que quiser. Colocar no tabuleiro e levar para assar em forno regular.

Brevidade *(do caderno da Vovó Naná)*

½ kg de açúcar refinado
½ kg de araruta ou polvilho doce
6 ovos

Algumas lembranças de cheiros e sabores nos enchem de saudades. Essa receita mexe com meus sentidos: me vejo criança, com boca cheia d'água, e minha avó tirando essas brevidades do forno: – Cuidado, espera esfriar. Está muito quente – ela dizia.

Bater primeiro as claras, depois juntar as gemas, bater mais. Juntar o açúcar e, por último, a araruta. Continuar batendo até formar bolhas. Colocar em forminhas untadas e levar ao forno médio.

Brevidade

3 colheres (sopa) de manteiga
1 e ½ xícara de açúcar
3 ovos
2 xícaras rasas de maisena
½ colher (sopa) de fermento em pó
½ colher (chá) de canela

Bater a manteiga com o açúcar até ficar um creme leve e fofo. Juntar os ovos batidos inteiros, acrescentar a canela e bater bem. Adicionar, aos poucos, a maisena peneirada com o fermento, batendo sempre. Assar em forminhas de papel, em forno médio, preaquecido.

Cuca deliciosa Dirce

3 xícaras de açúcar refinado
2 colheres (sopa) de gordura
2 colheres (sopa) de manteiga
4 ovos
4 xícaras de farinha de trigo
1 e ½ xícara de leite
1 colher (sopa) de fermento em pó

½ xícara de farinha de trigo
½ xícara de açúcar refinado
2 colheres (sopa) canela em pó
Frutas: banana, maçã, coco ralado, etc.

Bater bem o açúcar, a gordura, a manteiga e as gemas. Adicionar a farinha de trigo e o leite. Bater as claras em neve, misturar com o fermento e juntar à massa. Colocar a massa num tabuleiro. Por cima, espalhar a farofa (mistura de farinha de trigo, açúcar refinado e canela em pó) e rodelas de frutas. Levar ao forno regular para assar.

Brevidade

Bom-bocado de fubá

2 e ½ xícaras de açúcar
2 xícaras de fubá
2 xícaras de farinha de trigo
2 e ½ colheres (sopa) de fermento em pó
2 colheres (sopa) de queijo ralado
200 ml de leite de coco
1 vidro de leite (usar a medida do leite de coco)
4 ovos

Colocar todos os ingredientes, exceto o fermento, no liquidificador. Bater. Por último, acrescentar o fermento, misturando bem. Colocar em forma untada e assar em forno brando.

Broinhas 11 xícaras (Vanja Veloso, Ouro Preto)

2 xícaras de fubá de canjica
2 xícaras de polvilho
2 xícaras de banha ou óleo
2 xícaras de leite
2 xícaras de água
1 xícara de açúcar
Ovos
1 pitada de sal

Ferver o leite, o óleo e a água. Escaldar o polvilho e o fubá misturados. Acrescentar os ovos à massa. Juntar o sal e o açúcar. Amassar. Enrolar com a mão untada. Colocar em tabuleiro e assar em forno quente. Se quiser a broinha salgada é só não colocar o açúcar, e sim uma colher de sal.

Broinha de fubá (Neusa, São Brás do Suaçuí)

1 litro de água
1 xícara de óleo ou gordura
1 colher (sobremesa) de sal
1 xícara de açúcar
Cravo e/ou canela a gosto
½ medida de farinha de trigo
1 medida de fubá mimoso
13 ovos

Misturar a água, o óleo, o sal e o açúcar e colocar para ferver. Depois de fervido, deixar esfriar. Numa gamela colocar o fubá mimoso (ou fino) e a farinha de trigo. Juntar os ingredientes fervidos e depois os ovos e sovar até o ponto de enrolar. Usar uma xícara ou coité como medida para fazer as broinhas. Colocar em tabuleiros untados e enfarinhados (para não agarrar). Colocar para assar no forno quente por aproximadamente uma hora.

Obs.: 1 medida = 1 lata de óleo = 900 g
Coité: cabaça pequena cortada ao meio.

Broinha de fubá de canjica
(D. Elza, São Brás do Suaçuí)

2 copos de óleo
3 copos de leite morno
10 ovos
6 colheres (sopa) de açúcar cristal
6 copos de fubá de canjica
1 pitada de sal

Bater tudo no liquidificador, menos o fubá. Numa vasilha, colocar os ingredientes batidos e juntar o fubá aos poucos. Fazer as broinhas e colocar numa forma untada. Assar em forno quente.

Broinha Santa Bárbara
(Maria de Salete, Santa Bárbara)

1 kg de farinha de trigo
1 prato (sobremesa) de açúcar cristal
1 prato (sobremesa) de queijo ralado
1 prato fundo de gordura
5 ovos
1 colher (sopa) de fermento em pó
1 colher (sopa) de bicarbonato de sódio

Numa gamela, misturar todos os ingredientes, sovando bem. Enrolar as broinhas, colocar num tabuleiro e levar para assar em forno quente.

Broa de fubá e polvilho

2 xícaras de fubá
1 e ½ xícara de polvilho doce
3 xícaras de leite
½ xícara de óleo
½ colher (chá) de sal
1 xícara de açúcar
2 colheres (chá) de erva-doce
5 ovos
1 colher (sopa) de fermento em pó

Peneirar juntos o fubá e o polvilho e reservar. Colocar numa panela o leite, o óleo, o sal, o açúcar e a erva-doce. Levar ao fogo alto e deixar ferver.

Diminuir o fogo e juntar a mistura de fubá e polvilho. Cozinhar mexendo sempre, até a mistura se desprender da panela. Desligar o fogo, esperar esfriar um pouco e juntar os ovos, um a um, misturando bem. Deixar esfriar e acrescentar o fermento. Fazer as broinhas numa xícara umedecida com água e polvilhada com fubá (tender). Colocar na assadeira untada. Levar ao forno preaquecido até ficarem douradas.

Broinhas de nata

Broa de queijo (Vanja Veloso, Ouro Preto)

3 xícaras de fubá
3 xícaras de açúcar
3 xícaras de leite
4 colheres (sopa) de queijo parmesão ralado
3 colheres (sopa) de manteiga
3 ovos
1 colher (sopa) de fermento em pó

Bater a manteiga com o açúcar e as gemas até a massa ficar esbranquiçada. Acrescentar os ingredientes secos. Juntar o leite e as claras em neve e, por último, o queijo. Levar para assar em forno médio, em tabuleiro untado com manteiga e enfarinhado.

Broa da Aninha (Ana Rita Osório Senra)

2 xícaras de fubá
1 xícara de óleo
1 colher de manteiga
(tem que ser manteiga)
1 xícara de leite
1 lata de leite condensado
4 ovos
1 colher de fermento em pó

Colocar numa panela todos os ingredientes, menos os ovos e o fermento. Deixar cozinhar até desprender da panela. Deixar a massa esfriar e bater na batedeira com as gemas. Por último, misturar as claras em neve e o fermento. Despejar numa forma untada e levar para assar.

Broinhas de nata (Meire Gomes)

1 xícara de nata
1 colher (sopa) de manteiga
7 colheres (sopa) de açúcar
1 colher (sopa) de fermento em pó
1 ovo
1 pitada de sal
14 colheres (sopa) de farinha de trigo

Quem faz sempre e com gosto estas broinhas é a Tia Imene.

Despejar a nata na gamela e misturar a manteiga, o açúcar e a pitada de sal, depois o ovo e, por último, a farinha peneirada com o fermento. Amassar bem, fazer as broinhas em forma oval e colocar em um tabuleiro untado. Dar um cortezinho no meio, passar um pouquinho de manteiga e, por cima, açúcar cristal. Levar para assar em forno temperado.

Broa de fubá de canjica

(Maria da Conceição Dias, fazenda Pedra Branca, datada de 06/09/1935, do caderno da Dinha Lete)

3 canecas de fubá
½ caneca de gordura
2 canecas de leite (não cheias)
½ xícara de açúcar refinado
Ovos

Ferver o leite com a gordura e um pouco de sal e escaldar o fubá. Amassar bem. Depois juntar o açúcar refinado e ir amassando com ovos até ficar com boa consistência para broa ou biscoito. Fazer as broinhas e assar em forno brando.

Obs.: a caneca usada nesta receita é de 500 ml.

Broa de fubá de canjica

1 copo de fubá de canjica
2 copos de queijo curado e ralado
1 copo de açúcar
1 copo de óleo
1 copo de leite frio
1 colher (chá) de sal
3 colheres (sopa) de farinha de trigo
1 colher (sopa) bem cheia de fermento em pó
4 ovos

Bater no liquidificador os ovos, o óleo, o leite, a farinha de trigo, o açúcar e o sal. Numa gamela, juntar o queijo, o fubá de canjica e o fermento em pó. Juntar, aos poucos, a mistura no liquidificador. Misturar bem, despejar no tabuleiro. Levar ao forno regular por aproximadamente 40 minutos em tabuleiro untado.

Broa de fubá de canjica

(Tonico, Senhora dos Remédios)

O Tonico usa como medida um pote de 500 g de margarina.

2 medidas de leite
1 medida de água
1 medida de gordura
1 colher (sopa) de sal
1 colher (sopa) de adoçante ou 1 xícara de açúcar
1 kg de fubá de canjica
Ovos (para dar consistência à massa)

Misturar os ingredientes (menos o fubá e os ovos) numa vasilha e colocar para ferver. Despejar tudo sobre o fubá de canjica numa gamela e juntar ovos até a massa ficar na consistência de espremer (ou tender). Colocar as broinhas em tabuleiro e levar para assar em forno quente.

Broa de fubá de canjica

Broa da Tia Bia

Broa da Tia Bia (Beatriz Senra)

2 xícaras de açúcar
2 colheres (sopa) de margarina
3 ovos
2 xícaras de coalhada
(ou mais – quanto quiser)
½ xícara de óleo
2 xícaras de fubá
2 xícaras de farinha de trigo
Sal, canela
1 colher (sobremesa) bicarbonato de sódio dissolvido em um pouco de leite

Colocar numa gamela os ingredientes na ordem listada, misturando bem. Levar para assar em tabuleiro untado. Forno quente.

Broa de queijo

1 prato de queijo fresco
1 prato de polvilho
1 pires de açúcar
10 ovos
1 xícara de gordura
1 garrafa de leite (650 ml)
Fubá de canjica, o quanto necessário

Misturar os ingredientes numa gamela e engrossar com fubá de canjica. Despejar numa forma untada e colocar para assar em forno regular.

Broa de milho

1 xícara de água
1 xícara de leite
200 g de manteiga
150 g de fubá mimoso
100 g de polvilho doce
150 g de farinha de trigo
½ colher (sopa) de sal
½ colher (sopa) de erva-doce
100 g de açúcar
6 ovos

Ferver a água com o leite e a manteiga. Juntar o fubá, a farinha de trigo e o sal peneirados e mexer até formar um angu. Despejar o angu numa tigela e acrescentar o açúcar e a erva-doce. Misturar muito bem e deixar esfriar. Adicionar o polvilho, amassando com as mãos, e juntar os ovos um a um, amassando muito bem. Fazer bolinhas e arrumar em tabuleiro ligeiramente untado com manteiga. Deixar descansar por 30 minutos. Assar em forno médio preaquecido até que cresçam (cerca de 30 minutos). Abaixar o forno e deixar assar por mais 10 minutos.

Queca *(Ignês de Castro, Nova Lima)*

250 g de açúcar mascavo
250 g de manteiga ou margarina
4 ovos
½ kg de farinha de trigo peneirada
1 colher (sopa) de canela em pó
1 colher (chá) de bicarbonato de sódio
1 colher (chá) de noz-moscada moída
1 colher (chá) de sal
300 g de frutas cristalizadas
150 g de passas pretas
150 g de passas brancas
150 g de nozes picadas
150 g de castanhas-do-pará picadas
150 g de ameixas pretas picadas
½ xícara de conhaque de gengibre
1 colher (sopa) de fermento em pó

2 xícaras de açúcar cristal
2 xícaras de água

A queca mineira tem origem no cake inglês. Esta receita me foi fornecida pela Ignês, que aprendeu com os ingleses que vieram para Nova Lima trabalhar na antiga Mina de Morro Velho, no séc. XIX.

Queimar o açúcar cristal, adicionar a água e deixar ferver até ficar uma calda queimada. Reservar. Bater as gemas dos ovos, a margarina e o açúcar mascavo. Acrescentar a farinha de trigo, a canela em pó, a noz-moscada, o bicarbonato e o sal. Juntar as frutas cristalizadas, as passas, as ameixas, as castanhas, as nozes e misturar novamente. Colocar a calda queimada, que foi preparada anteriormente. Colocar o conhaque e misturar até conseguir uma massa homogênea. Bater as claras em neve e juntar à massa. Adicionar o fermento em pó. Untar a forma de bolo com margarina e forrar com papel alumínio. Virar a massa na forma e levar ao forno quente preaquecido.

Para a calda, levar o açúcar e a água ao fogo e deixar ferver até virar uma calda queimada.

Obs.: no forno elétrico, leva 45 minutos; no forno a gás, uma hora.

Broas fofas e crespas

½ kg de farinha de trigo
½ kg de fubá mimoso
2 garrafas de leite
1 xícara de gordura
Açúcar o quanto adoce
(mais ou menos 1 xícara rasa)
Sal
Cheiros (erva-doce, canela)
Ovos

Colocar para ferver: o leite, a gordura e o açúcar e escaldar o fubá misturado com a farinha. Amolecer com ovos e fazer as broas. Levar para assar em forno brando.

Broa de amendoim

1 prato de fubá bem fino
1 prato de farinha de trigo
1 prato de açúcar
1 prato (raso) de gordura
1 prato de amendoim torrado e moído bem fino
2 colheres (sobremesa) de fermento em pó
4 ovos
Sal
Leite (se precisar)

Misturar os ingredientes, colocando leite se necessário. Enrolar as broas e levar ao forno quente para assar.

Broa de cará

2 xícaras de cará cru, ralado
2 xícaras de açúcar
1 litro de leite
18 ovos
Fubá
Sal

Numa gamela, misturar os ingredientes, colocando fubá o necessário para dar a consistência de fazer as broinhas. Moldar a broa, colocar em tabuleiro untado e levar ao forno regular.

Cuscuz

2 kg de fubá
3 colheres (sopa) de polvilho doce
1 pitada de sal
½ colher (sopa) de erva-doce
½ kg de açúcar mascavo ou cristal
Queijo fresco
Leite ou água

Colocar numa vasilha o fubá, o polvilho, o sal e a erva-doce e molhar com água ou leite até ficar com a consistência de capitão.* Deixar descansar por aproximadamente duas horas. Misturar e acrescentar o açúcar e o queijo picado. Forrar uma forma com um pano fino, ou usar uma cuscuzeira e cozinhar em banho-maria por 1 hora. Tampar a panela para que o vapor não saia.

* "Capitão: juntar no prato com três ou quatro dedos apinhados o bocado de comida que em seguida se leva a boca. Era a maneira que os escravos comiam o feijão com a farinha."

FRIEIRO, Eduardo. *Feijão, angu e couve.* Belo Horizonte: Itatiaia, 1982, p. 86.

Cuba

Pamonha

Cubu *(Maria do Carmo Santos Costa, São Brás do Suaçuí)*

2 kg de fubá
1 kg de farinha de trigo
1 e ½ kg de açúcar
6 ovos
½ kg de margarina
250 g de gordura de coco
2 litros de coalhada
Cravo
Canela
Erva-doce
2 colheres (sopa) de bicarbonato de sódio
Sal a gosto
1 pitada de amor

D. Maria do Carmo, conhecida por Carmem, leva os cubus e outras quitandas, todo sábado, para a feira de Congonhas. Também é uma participante ativa dos Festivais de Quitanda da cidade. Esta receita, como está, foi ditada durante uma das feiras de sábado.

De véspera, cortar as folhas mais tenras da bananeira, lavar e cortar no tamanho para enrolar os cubus. Numa bacia ou gamela, colocar o fubá e a margarina. Numa vasilha à parte, colocar a gordura para esquentar ao fogo. Depois de quente, despejar sobre o fubá e a margarina. Misturar bem. Antes que essa massa esfrie, juntar o açúcar, o sal e a farinha, misturando bem. Juntar a coalhada. Depois, juntar os ovos e bater, misturando tudo. Deixe descansar mais um pouco. Na hora de enrolar, juntar o cravo, a canela, a erva-doce e por último o bicarbonato. Para colocar para assar, tirar a massa com uma colher grande de arroz e embrulhar nas folhas de bananeira. Levar para assar em forno quente.

Pamonha doce

12 espigas de milho verde
1 xícara de açúcar
1 xícara de leite de coco

Descascar o milho, reservando as palhas mais bonitas para embrulhar as pamonhas. Ralar as espigas e bater no liquidificador, junto com o açúcar e o leite de coco. Fazer as trouxinhas com as palhas reservadas e acomodar a massa. Cozinhar em água fervente por uma hora, escorrendo em seguida.

Obs.: o segredo é saber amarrar as espigas para que a massa fique lá dentro. Elas também podem ser costuradas, em forma de saquinhos.

Pamonhas de queijo

1 pires de farinha de milho
1 pires de queijo ralado
1 pires de polvilho doce
1 pires de gordura (pode ser metade de gordura e metade de manteiga)
2 ovos
2 claras
Sal a gosto
¾ de xícara leite

Deitar* a farinha de milho numa gamela, pôr o leite fervendo para cozinhar a farinha. Juntar os outros ingredientes e amassar bem. Fazer as pamonhas e assar em forno forte.

* Deitar: palavra usada em Portugal até os dias de hoje. Significa colocar, pôr. Pelas bandas de lá é comum ver placas de aviso: "Proibido deitar lixo aqui".

Pamonha de forno

6 espigas de milho verde raladas
1 xícara de leite
3 colheres (sopa) de óleo
Pimenta-do-reino branca
1 cebola ralada
40 g de parmesão ralado
Sal

Misturar tudo e levar ao forno em um refratário untado. Assar até ficar na consistência de um suflê ou pouco mais.

Tarecos

5 ovos
2 colheres (sopa) de gordura
2 colheres (sopa) de manteiga
15 colheres (sopa) de açúcar
1 colher (sopa) de sal amoníaco
Farinha de trigo

Bater os ovos como para pão de ló.* Numa gamela, misturar os ingredientes e a farinha de trigo, aos poucos, até atingir a consistência de abrir a massa. Para fazer os tarecos, abrir a massa numa mesa ou tábua e cortar em tiras. Assar em tabuleiro untado em forno médio.

*Ovos batidos como para pão de ló: bater as claras em neve, ajuntar as gemas e continuar batendo até ficarem claras.

Sonhos de fubá mimoso

2 pires de fubá mimoso
1 pires de polvilho
1 pires de gordura
4 ovos
½ xícara de leite
1 pitada de sal

Juntar o fubá e o polvilho e escaldar com o leite fervendo junto com a gordura. Acrescentar os ovos aos poucos e o sal. Amassar bem. Fazer os sonhos, colocar em tabuleiro untado e levar para assar em forno quente.

Sonhos da Vovó

3 ovos
3 xícaras de farinha de trigo
1 pitada de sal
Leite na quantidade suficiente para
dar consistência mole
1 colher (sobremesa) de fermento em pó
2 colheres (sopa) de açúcar
Açúcar refinado com canela

(Folha solta dentro do caderno de receitas da Dinha Lete. No verso de uma prova de latim, de Áurea Senra de Oliveira, datada 20/03/1959)

Bater as claras em neve. Juntar o sal, a farinha, o fermento, o açúcar e as gemas, uma a uma, misturando um pouco de leite. Depois de tudo batido, fritar as colheradas, em óleo bem quente, virando sempre até ficarem bem coradinhas. Passar em açúcar refinado com canela.

Sonhos mineiros

1 copo de farinha de trigo
1 copo de leite
1 colher (sopa) de manteiga
3 ovos
1 colher (chá) de sal
Óleo para fritura
Açúcar e canela

Bater o leite, o sal e a farinha no liquidificador. Despejar e levar ao fogo numa panela, juntar a manteiga e deixar engrossar como um angu. Retirar do fogo e deixar esfriar um pouco. Depois, batendo bem, juntar os ovos, um a um, até dar liga. Tomar pequenas colheradas e fritar em óleo quente. Passar em canela e açúcar.

Sonho de laranja *(Ana Rita Osório Senra)*

4 ovos
1 xícara de suco de laranja
½ xícara de óleo
Raspas de uma laranja
1 xícara de açúcar
2 colheres (sopa) de fermento em pó
4 xícaras de farinha de trigo
Óleo para fritura
1 pitada de sal

Bater bem os ovos. Juntar o suco de laranja, o óleo e as raspas de laranja e continuar batendo. Acrescentar o açúcar, o fermento e o sal. Por fim, colocar a farinha de trigo e bater bem. Fritar em óleo não muito quente.

Sonho de banana *(Imene Senra)*

4 bananas
1 xícara de farinha de trigo
1 xícara de açúcar
½ xícara de manteiga
1 pitada de sal
Óleo para fritura
Açúcar e canela para confeitar

Amassar as bananas numa vasilha, juntar a farinha, o açúcar, a manteiga e o sal. Misturar bem. Fritar em óleo não muito quente. Deixar escorrer. Passar no açúcar com canela.

O pão de queijo

"O pão de queijo deve ter sido 'inventado' por volta do século XIX, quando houve a expansão da criação de gado e a abundância do leite. Portanto, o papo de queijo é uma tradição relativamente recente. Há variação de receitas de todos os quitutes, cada cozinheira adapta ao seu jeito. Tradição e inovação são as marcas de Minas."

ABDALA, Mônica Chaves. **Receita de mineiridade: a cozinha e a construção da imagem do mineiro**. Uberlândia: Edufu, 1977.

"As cozinheiras das fazendas mineiras que preparavam biscoitos de polvilho para os seus senhores, no século XVIII, não podiam imaginar o sucesso que sua criação faria duzentos anos depois. Acrescido de queijo, o biscoito tornou-se o brasileiríssimo pão de queijo, largamente consumido em todo o país. Depois de conquistar o paladar dos brasileiros de norte a sul, o produto vem ganhando status de item de exportação, sendo comercializado para países como Estados Unidos, Inglaterra, Argentina, Alemanha, Itália, Espanha, França, Portugal, entre outros.

Para se ter uma idéia do quanto este produto é conhecido e apreciado, estima-se que existam atualmente quinhentas indústrias de pão de queijo no Brasil, a maior parte (70%), é claro, se encontra em Minas Gerais. Entre empresas legalmente registradas e fabricantes informais, a previsão de produção média é de seis mil toneladas mensais.

Para tanto sucesso, pode-se pensar que exista algo muito especial na receita, ou algum ingrediente que dê o sabor e que seja difícil de ser encontrado. Engana-se quem pensa assim. Ele não possui uma receita padrão para ser feito. Os ingredientes são basicamente os mesmos, ovos, leite, queijo mineiro ralado, óleo, sal, manteiga de leite e polvilho, que é o amido de tapioca, a parte nobre da mandioca. Porém, o que muda é o tipo dos componentes, quantidade e variedade. É isso que faz com ele não seja igual, cada pessoa que o faz tem o seu segredinho para que fique mais douradinho ou mais crocante. Podendo ser recheado ou não, acompanhado por suco, leite, café ou seco. Não importa como, o que importa é a vontade de comer."

http://www.revelacaoonline.uniube.br/cultura03/paodequeijo.html
Acesso em: maio de 2007.

Pão de queijo

Pão de queijo D. Anna
(do caderno da Dinha Lete)

2 pratos rasos de polvilho bom
1 pires de farinha de milho
1 prato de gordura
2 ou 3 ovos
½ queijo ralado
1 pires de fubá de canjica
Coalhada (ou leite) até amolecer

Colocar o polvilho em uma gamela e dissolver os caroços com água salgada. Depois, escaldar a farinha de milho e o fubá de canjica com a gordura quente. Misturar bem. Amolecer com dois ou três ovos e coalhada. Juntar por último o queijo ralado. A massa deve ser dura. Enrolar com as mãos engorduradas. Assar em forno temperado.

Pão de queijo
(Ana Rita Osório Senra, com anotação: "prático e muito boa")

2 ovos
1 copo* de leite
1 copo de óleo
2 copos de polvilho azedo
2 copos de queijo de minas, ralado
1 pitada de fermento em pó
Sal
* Copo americano (200ml)

Bater no liquidificador os ovos, o leite, a pitada de fermento e o óleo. Despejar numa vasilha. Juntar o polvilho, o queijo e o sal e misturar bem. Colocar a massa em forminhas de empada untadas e levar para assar em forno bem quente.

Pão de queijo colonial

1 kg de polvilho azedo
1 copo de óleo
1 copo de água
1 colher (café) de sal
4 ovos
1 prato raso de queijo tipo colonial (ou meia-cura)
1 copo de leite

Bater aos poucos o polvilho no liquidificador e colocar numa bacia. Ferver o óleo, a água e o sal e derramar sobre o polvilho, mexendo com uma colher, para escaldar. Esperar esfriar um pouco e esfarelar bem a mistura. Adicionar os ovos inteiros e o leite (se precisar acrescentar um pouco mais de leite, mas cuide para não deixar passar do ponto). Por último, misturar o queijo ralado (no ralo grosso) na massa. Fazer as bolinhas para assar em forno previamente aquecido.

Pão de queijo assado na folha de bananeira

2 kg de polvilho azedo ou doce
650 g de queijo meia-cura ralado
350 ml de óleo
½ litro de água
1 garrafa (600ml) de leite
18 ovos (pode variar de acordo com o tamanho dos ovos)

Colocar para ferver o óleo, o leite e a água. Despejar sobre o polvilho numa gamela. Misturar bastante. Enquanto esfria a massa, juntar o queijo ralado e sovar. Por último, colocar os ovos, dois a dois, sovando com as mãos para que a massa fique bem homogênea, até dar o ponto de enrolar na folha de bananeira. Colocar para assar em forno preaquecido por aproximadamente 30 minutos.

Pão de queijo de inhame

6 inhames de tamanho médio cozidos
3 xícaras de polvilho doce
3 xícaras de queijo de minas ralado
3 colheres (sopa) de margarina
2 colheres (sopa) de iogurte natural
1 pitada de sal

Numa gamela, espremer o inhame ainda quente. Juntar os demais ingredientes e amassar bem até a massa ficar homogênea. Fazer os pãezinhos e levar para assar num tabuleiro untado com margarina, em forno médio, por aproximadamente 30 minutos.

Pães

Pão de casa *(Elisa Melgaço, Belo Horizonte)*

1 kg de farinha de trigo
1 xícara de açúcar
4 ovos
3 colheres (sopa) de manteiga
2 tabletes de fermento biológico
1 colher (café) de sal
1 xícara de leite morno

Colocar a farinha numa vasilha, fazendo um buraco onde se deve colocar os demais ingredientes. Por último, adicionar o fermento desmanchado ao leite. Amassar bem até formar bolhas. Colocar para crescer. Fazer os pães e colocar novamente para crescer. Levar ao forno quente para assar.

Pãozinho de sal *(para se fazer recheado)*

15 colheres (sopa) de leite (aproximadamente 1 xícara)
1 ovo inteiro
20 g de fermento biológico (ou 1 colher de sopa)
2 colheres (sopa) de manteiga
1 colher (sopa) de açúcar refinado
Farinha de trigo até dar consistência de abrir a massa
Sal

Juntar os ingredientes, amassar, enrolar os pãezinhos e colocar no tabuleiro. Deixar descansar para crescer.* Colocar para assar em forno regular.

* Depois de enrolar os pãezinhos, colocar uma bolinha de massa em um copo com água. Quando essa bolinha subir, pode colocar os pães para assar.

Pão de canela

1 copo de açúcar
1 pitada de sal
2 colheres (sopa) de margarina
50 g de fermento biológico
2 ovos
Canela
250 ml de leite morno
200 ml de óleo
250 ml de água morna
1 e ½ kg de farinha de trigo

Ajuntar o açúcar, os ovos, o fermento biológico, a margarina, o sal e um pouco de canela. Misturar tudo. Juntar o óleo, a água morna e o leite. Misturar tudo e acrescentar a farinha aos poucos até que a massa desgrude das mãos. Sovar bem e deixar descansar por 40 minutos. Abrir a massa e rechear com a canela. Enrolar, colocar no tabuleiro e deixar descansar por mais 40 minutos. Pincelar com ovo e colocar para assar em forno médio por aproximadamente 20 minutos.

Pão de minuto *(Tia Cecy)*

3 xícaras de farinha de trigo
2 colheres (sopa) de açúcar
2 colheres (sopa) de manteiga
2 colheres (sopa) de fermento em pó
1 xícara de leite
1 ovo
Sal

Misturar todos os ingredientes. Amassar e fazer os pãezinhos. Levar para assar em forno quente em tabuleiro untado.

Pão de minuto *(Ana Rita Osório Senra)*

3 colheres de manteiga
1 lata de leite condensado
3 ovos
1 colher (café) de sal
3 xícaras de farinha de trigo
1 colher de fermento em pó

Bater a manteiga em creme. Aos poucos acrescentar o leite condensado sem parar de bater. Colocar os ovos e o sal e continuar batendo. Misturar (apenas misturar, não pode bater mais) a farinha de trigo com o fermento e colocar junto com os outros ingredientes. Fazer os pãezinhos e levar ao forno para assar.

Pão de minuto *(do caderno da Tia Geny)*

½ kg de farinha de trigo
6 colheres (sopa) de açúcar
6 ovos
3 colheres (sopa) de manteiga
1 colher (sopa) de fermento em pó
½ copo de leite
Sal

Separar uma gema para dourar os pães. Misturar todos os ingredientes. Fazer os pãezinhos, pincelar com a gema e levar para assar em forno quente.

Pão de mel com passas

2 e ½ xícaras de farinha de trigo
1 xícara de açúcar mascavo
2 colheres (sopa) de bicarbonato de sódio
1 colher (chá) de canela em pó
1 xícara de leite de soja
½ xícara de mel
1 e ½ xícara de uvas passas

Peneirar a farinha, o açúcar e o bicarbonato. Juntar a canela e acrescentar aos poucos o leite de soja e o mel. Misturar bem. Por último, colocar as passas. Mexer um pouco mais e despejar num tabuleiro untado e enfarinhado. Levar ao forno regular, preaquecido, por aproximadamente 20 minutos.

Pão de mel

3 xícaras de farinha de trigo
1 xícara de mel
1 xícara de açúcar
1 xícara de leite
2 colheres (sopa) de manteiga
2 ovos
1 colher (sopa) de bicarbonato de sódio
1 colher (chá) de noz-moscada
1 colher (chá) de cravo em pó
1 colher (sopa) de canela em pó
Manteiga e farinha de rosca, o quanto baste para untar

---

600 g de chocolate meio amargo, picado
6 colheres (sopa) de manteiga

Juntar numa batedeira o açúcar, o mel, a manteiga e os ovos inteiros e bater bem. Acrescentar alternadamente o leite e a farinha de trigo, sem parar de bater, até colocar toda a farinha e o leite. Parar de bater e acrescentar o bicarbonato e as especiarias. Misturar delicadamente. Untar o tabuleiro com a manteiga e enfarinhar com farinha de rosca. Despejar a massa no tabuleiro e levar para assar em forno médio, preaquecido. Assar por 15 minutos, abaixar o fogo e deixar assar por mais 20 minutos. Picar o bolo em quadradinhos e reservar.

Para a cobertura, derreter completamente o chocolate picado e a manteiga em banho-maria, mexendo sempre. O segredo é não deixar a água encostar-se à tigela. Para cobrir, espetar um palito em cada pedaço e mergulhar no chocolate derretido. Deixar secar.

Pão doce *(Imene Senra, copiada do caderno da Dinha Lete, com a anotação: "MIS 06/07/1961.")*

1 litro de leite
800 g de açúcar
200 g de fermento biológico
4 ovos
100 g de banha ou gordura
1 pitada de sal
Farinha de trigo

Misturar o fermento ao leite morno até dissolver. Adicionar o açúcar, a banha, o sal, os ovos e um pouco de farinha, ficando assim como mingau. Bater um pouco. Juntar mais farinha aos poucos até o ponto de enrolar os pães. Fazer os pães, colocar em tabuleiro untado. Dourar com gemas e levar para assar em forno quente. Esses pães podem ser recheados com passas ou ameixa preta.

Pão de mel Santa Bárbara

(Marta Soares Fonseca, Santa Bárbara)

6 ovos
5 xícaras de farinha de trigo
1 e ½ xícara de açúcar mascavo
1 e ½ xícara de água
1 xícara de leite
1 colher (sopa) de cacau em pó
1 colher (sopa) de chocolate em pó
1 colher (chá) de noz-moscada
1 colher (chá) de canela em pó
1 colher (sopa) de bicarbonato de sódio
400 g de mel
600 g de doce de leite
1 e ½ kg de chocolate ao leite para glaçar
Margarina para untar

De origem europeia, elaborado com base de mel, farinha de trigo, chocolate, manteiga, especiarias e ovos, o pão de mel surgiu ao descobrirem que o pão de especiarias poderia ser coberto com chocolate derretido, o que prolonga o seu sabor e sua umidade. Esta receita foi-me passada pela Marta, da cidade de Santa Bárbara, que a desenvolveu especialmente para um famoso apiário da cidade.

Bater as claras em neve e reservar. Bater o açúcar, a água e as gemas até virar um creme. Acrescentar pouco a pouco os ingredientes secos, alternando com o leite. Bater. Misturar o mel. Acrescentar as claras em neve, misturando levemente. Levar para assar, em forminhas* untadas, em forno moderado. Desenformar ainda quente e esperar esfriar. Depois de frio, rechear com o doce de leite e glaçar com o chocolate derretido em banho-maria.

* As forminhas de pão de mel são diferentes das forminhas de empadas; as de pão de mel são retas, e não afuniladas.

Pão dos gulosos *(Tia Lacyr de Oliveira Motta)*

250 g de farinha de trigo
50 g de maisena
1 colher (sopa) de fermento em pó
50 g de açúcar
2 ovos
60 g de manteiga
1 e ½ xícara de leite
Sal

Colocar numa tigela os ingredientes secos fazendo uma cova. Colocar os ovos, a manteiga e o leite. Misturar tudo, mexendo delicadamente, sem bater. Fazer bolas e assar em forno quente.

Pão integral da Marilene

Pão integral da Marilene
(Marilene Vasconcelos, Ouro Preto)

6 colheres de açúcar mascavo
100 g de fermento biológico
½ litro de leite
½ litro de água
1 kg de farinha de trigo integral
1 kg de farinha de trigo branca
1 colher (sopa) de sal
1 copo de óleo pela risca

Polvilhar uma vasilha média com um pouco de farinha de trigo branca e colocar o açúcar e o fermento. Aquecer o leite com a água até ficar morno e despejar sobre os ingredientes na vasilha. Reservar, esperando crescer por uns 10 minutos. Numa gamela, colocar a farinha de trigo integral, o óleo e o sal e misturar bem. Despejar a outra mistura (já crescida) e sovar bastante. Juntar o resto da farinha de trigo branca até o ponto de enrolar. Cobrir com um pano seco, esperando crescer por mais 10 minutos. Cortar a massa em pedaços e abrir cada pedaço da massa como para rocambole. Rechear a gosto e enrolar os pães. Cobrir novamente e deixar crescer por cerca de 30 minutos. Levar para assar em forno preaquecido em temperatura média por aproximadamente 40 minutos.

Obs.: *a massa não deve grudar na mão. Com esta receita fazem-se seis pães.*

O recheio pode ser salgado (ervas finas, alho, orégano, gergelim) ou doce (goiabada, bananada, frutas cristalizadas, passas).

Pão integral do "seu" Ilden
(Ilden da Rocha Abreu, Belo Horizonte)

3 copos de água
1 tablete ou 3 colheres de sopa de fermento biológico
3 colheres (sopa) de melado ou mel
6 copos de farinha de trigo integral
1 colher (sopa) de sal
3 colheres (sopa) de óleo

Desmanchar o fermento na água morna. Juntar ao fermento desmanchado o mel ou melado. Numa gamela, colocar a farinha de trigo com o sal e o óleo. Mexer bem. Abrir um buraco na massa e colocar o fermento já bem diluído. Mexer até a massa ficar homogênea. Fazer o pão e colocar num tabuleiro untado e polvilhado de farinha e deixar crescer por umas três horas. Levar ao forno médio para assar.

Pão completo

1 xícara de gérmen de trigo
6 xícaras de farinha de trigo integral fina
6 colheres (sopa) de farinha de soja integral
1 colher (sopa) sal
1 xícara de leite em pó
⅓ xícara de manteiga derretida
⅓ xícara de mel
2 ovos
2 tabletes de fermento biológico
2 xícaras de água quente

Numa gamela misturar bem todos os ingredientes, menos a farinha. Juntar duas xícaras de farinha, aos poucos, batendo bem. Acrescentar mais farinha misturar com as mãos sem bater. Sovar bastante a massa em mesa enfarinhada. Deixar descansar por meia hora. Sovar um pouco mais. Dividir a massa em duas partes. Abrir cada parte com um rolo e enrolar como rocambole, começando pela parte menor. Colocar em forma untada. Pincelar o pão com óleo, cobrir com um plástico e deixar na geladeira por duas horas. Furar as bolhas com palito e colocar para assar em forno preaquecido, em temperatura média, até dourar.

Pão de ló de laranja (Ana Rita Osório Senra)

6 ovos
2 xícaras (chá) de açúcar
3 xícaras (chá) de farinha de trigo
1 e ½ xícara de caldo de laranja
1 e ½ colher de fermento em pó

Bater as claras em neve e reservar. Bater as gemas, juntar o açúcar e bater bem. Juntar a farinha de trigo alternando com o suco de laranja. Colocar o fermento e, por último, as claras em neve. Levar para assar em tabuleiro untado e polvilhado em forno preaquecido.

Pão de cebola

3 cebolas médias
1 kg de farinha de trigo
½ copo de óleo de soja
½ copo de água filtrada morna
50 g de fermento biológico
1 colher (sopa) rasa de manteiga ou margarina
2 ovos
3 tabletes de caldo de galinha
1 colher (sopa) de tempero completo

Colocar no liquidificador as cebolas cortadas em fatias, o óleo, a água, o caldo de galinha, a margarina, o tempero completo e os ovos. Por último coloque o fermento. Bater bem para que não fiquem pedaços da cebola. Virar numa bacia e acrescentar aos poucos a farinha. Amassar até que a massa comece a se soltar das mãos. Sovar bastante. Fazer os pãezinhos, colocando num tabuleiro. Deixar os pãezinhos descansar por duas horas. Levar ao forno em temperatura média por cerca de 25 minutos.

Pão de cebola

Pão de moranga
(Michelle Fernanda O. Caixeta Coelho)

4 ovos
½ copo de óleo
2 copos de leite
2 copos de açúcar
½ kg de moranga cozida
100 g de fermento biológico
1 pitada de sal
Farinha de trigo até o ponto de enrolar

Bater tudo no liquidificador, menos a farinha. Despejar numa vasilha e acrescentar a farinha de trigo, aos poucos, sempre misturando bem, até o ponto de enrolar. Modelar os pães e colocar no tabuleiro. Deixar crescer por mais ou menos uma hora. Pincelar com ovo. Levar ao forno médio para assar. Confeitar a gosto.

Pão de cenoura amarela
(D. Beatriz, do caderno da Tia Geny)

1 copo de leite
½ kg de cenoura amarela
4 colheres (sopa) de açúcar
3 ovos
Sal
1 xícara de óleo
75 g de fermento biológico
Farinha de trigo

Bater os ingredientes no liquidificador, menos a farinha. Despejar numa vasilha ou gamela e juntar a farinha de trigo até o ponto de enrolar. Amassar bastante. Fazer os pãezinhos e colocar num tabuleiro com espaço entre eles. Deixar coberto com um pano, em lugar quente, por aproximadamente uma hora, para crescer. Levar em forno preaquecido para assar.

Pão de cebola da Beth
(Beth Motta)

1 copo de leite
1 copo de água morna
1 copo de óleo
1 colher (sopa) de açúcar
1 colher (sopa) de manteiga
4 ovos
1 pitada de sal
1 cebola grande
2 colheres (sopa) de fermento biológico
Farinha de trigo

Bater no liquidificador os ingredientes, menos a farinha. Despejar numa vasilha e juntar aos poucos a farinha de trigo até o ponto de enrolar. Amassar bem. Fazer os pãezinhos e colocar em tabuleiro para assar. Dourar com gemas e levar ao forno regular.

Pão folhado (Neusa, São Brás do Suaçuí)

2 kg de farinha de trigo sem fermento
½ kg de manteiga ou 250 g de margarina (pode-se usar menos)
600 g de açúcar cristal
8 ovos
1 colher (sobremesa) de sal
150 g de fermento biológico
1 litro de água

Preparar o fermento: 150 g de fermento para um litro de água morna. Misturar o fermento com um pouco de farinha e juntar uma colher de sopa de açúcar em um litro de água morna. Deixar crescer até dobrar o volume. Reservar.

Na batedeira, bater os ovos, um pouco da farinha de trigo, a manteiga ou a margarina, um pouco de sal e o açúcar.

Juntar os dois preparos numa gamela e juntar o restante da farinha. A massa não pode ficar muito mole nem muito dura. Misturar leite para dar consistência. Sovar até soltar da vasilha. Separar e tampar com um pano. Deixar a massa crescer até dobrar de volume, outra vez. Abrir a massa. Passar manteiga e canela e enrolar os pães. Deixar crescer mais um pouco. Faça o teste do copo d'água.* Enrolar. Pincelar com manteiga e canela. Colocar para assar em forno quente.

Teste do copo d'água: tirar uma bolinha de massa e colocar num copo d'água. Quando essa bolinha subir, colocar a massa no forno para assar.

Pãozinho fofo (do caderno da Vovó Naná)

½ kg de farinha de trigo
1 pires de açúcar
1 colher (sopa) de fermento em pó
1 colher (sopa) bem cheia de manteiga
2 ovos
Leite, o quanto baste

Numa gamela juntar todos os ingredientes. Misturar tudo e ir colocando leite até dar a consistência para enrolar. Enrolar, colocar em tabuleiro e levar ao forno quente para assar.

Pãezinhos de batata

1 kg de batatas
2 xícaras de banha derretida
50 g de fermento biológico
3 ovos bem batidos
2 xícaras de açúcar
1 colher (sopa) de sal
1 colher (sopa) de manteiga
2 copos de leite
Farinha de trigo, o necessário

Cozinhar as batatas e passar no espremedor. Misturar tudo, ajuntando a farinha de trigo até o ponto de enrolar. Deixar descansar por uma hora. Enrolar os pãezinhos. Passar gema de ovo por cima e levar ao forno. Depois de assados, cortar ao meio e rechear com salame passado na máquina ou salsicha, se quiser.

Pãezinhos de batata da Zoé *(Tia Zoé, Belo Horizonte, com a anotação de "muito boa")*

2 kg de farinha de trigo
½ kg de batata cozida e passada no espremedor
2 xícaras de açúcar
1 xícara de banha derretida
1 colher (sopa) de manteiga
2 copos de leite
2 tabletes de fermento de pão biológico (ou 2 colheres bem cheias)
6 ovos inteiros
1 colher (café) de sal

Dissolver o fermento no leite morno, juntando a batata, duas colheres de açúcar bem cheias e uma xícara de farinha de trigo. Essa massa deve ficar na consistência de panqueca. Deixá-la na gamela por mais ou menos uma hora.

Depois de crescida a massa, juntar os demais ingredientes, amassando e sovando bem. Se precisar, coloque mais leite. A massa não pode ficar muito dura. Enrolar os pãezinhos e colocar num tabuleiro para crescer novamente. Depois de bem crescidos, passar gema de ovo batida com um pouquinho de manteiga e levar ao forno para assar.

Pão de batata inglesa

250 g de batata
750 g de farinha de trigo
2 ovos
2 colheres (sopa) de manteiga
1 copo de leite
2 colheres (sopa) de açúcar
50 g de fermento biológico
1 colher (chá) de sal

Misturar tudo muito bem e fazer os pãezinhos. Deixar crescer por aproximadamente 15 minutos. Dourar com gema e levar ao forno para assar.

Pão de batata *(Elisa Melgaço, receita da Tia Zoé, Belo Horizonte)*

2 kg de farinha de trigo
8 batatas cozidas
2 colheres (sopa) de manteiga
2 colheres (sopa) de fermento biológico
4 ovos
1 e ½ xícara de açúcar
1 pitada de sal ou 2 colheres (café)
1 copo de leite morno

Dissolver o fermento no leite morno e misturar à batata moída (ou amassada com garfo). Juntar uma xícara de farinha e uma colher de açúcar e deixar crescer por uma hora. Passado esse tempo, misturar os demais ingredientes. Por último o leite e a farinha até completar os dois quilos. Enrolar os pãezinhos, colocar no tabuleiro e esperar crescer por mais uma hora. Passar gema para dourar e levar ao forno para assar.

(No canto da receita havia a notação, escrita com outra letra: "Si preferir mais doce, colocar 2 xícaras de açúcar".)

Pãozinho de nata *(do caderno da Vovó Naná, havia a notação "muito bom" em vermelho)*

1 copo de nata
2 ovos
1 xícara de açúcar
1 e ½ de colher (sopa) de fermento em pó
Farinha de trigo até o ponto de enrolar

Misturar bem os ingredientes e fazer os pãezinhos em forma de quibes pequenos. Depois de os pãezinhos enrolados, cortar um pouquinho com a faca, pôr um pouquinho de manteiga, e por cima, açúcar cristal. Levar para assar em tabuleiros untados.

Pãozinho de nata *(outra receita do caderno da Vovó Naná)*

4 xícaras de farinha de trigo
4 colheres de açúcar refinado
4 ovos
1 colher (sopa) de fermento ou bicarbonato de sódio (sendo bicarbonato, a colher deve ser mais rasa)
1 copo de nata ou creme de leite
1 colher (café) de sal

Misturar bem os ingredientes e fazer os pãezinhos em forma de quibes pequenos. Colocar em tabuleiros untados. Fazer um cortezinho em cada um, passar manteiga e, por cima, açúcar cristal. Levar para assar em forno quente.

Conselhos úteis

Quando se vai cozinhar ou preparar alguma receita, é importante que se tenha em mente algumas recomendações:

✣ Antes de começar, verifique se tem à mão todos os ingredientes e o vasilhame necessário.

✣ O tipo, a qualidade e a proporção dos ingredientes são fatores determinantes da qualidade dos produtos.

✣ Os ingredientes devem ser escolhidos cuidadosamente, e as proporções, mantidas.

✣ Ingredientes secos devem ser peneirados antes de medidos.

✣ Observe a ordem e os métodos de misturar os ingredientes.

✣ Os ingredientes devem ser usados na temperatura ambiente durante o preparo.

✣ Atente para a data de validade, a qualidade dos ingredientes e o estado dos vasilhames, instalações e embalagens.

✣ Prefira panelas de vidro, cerâmica, aço inoxidável ou pedra e vasilhames de plástico. Evite vasilhas de alumínio.

✣ Se usar gamelas de madeira, lave com escova limpa sempre antes de usar.

✣ Use colher de pau, uma para alimentos doces e outra para salgados.

✣ Para guardar doces ou licores, esterilize os vidros, deixando-os ferver por 30 minutos. Isso garante a conservação do alimento.

✣ Tudo o que envolve cozinha e comidas deve ser preparado com carinho, alegria, atenção e todos os cuidados de higiene. Isso interfere intensamente no sabor e na qualidade dos alimentos.

✣ A cozinha, além de limpa, deve ser agradável: alegre, arejada e bem iluminada.

✣ Não pense ou fale coisas desagradáveis enquanto prepara uma receita.

✣ Bom humor é um ingrediente essencial. Nunca prepare uma receita se estiver com sentimentos negativos.

Quadro de medidas

Equivalência de medidas (do caderno da Vovó Naná):

Para líquidos:

1 litro	1000 cm³
1 litro contém	6 xícaras (chá)
	4 copos
1 copo americano	200 ml
1 garrafa contém	4 xícaras (chá)
	3 copos
1 garrafa	600 ml ou 2 e ½ copos
1 cálice	9 colheres (sopa)
1 cálice	27 colheres (chá)
1 xícara	240 ml
½ xícara	120 ml
⅓ de xícara	80 ml
1 colher de sopa	15 ml
1 colher de sobremesa	10 ml
1 colher de chá	5 ml
1 cálice	135 ml

Para sólidos:

1 copo (americano)	250 g
1 prato fundo, nivelado	200 g
1 xícara de chá de açúcar	160 g
1 xícara de chá de araruta	150 g
1 xícara de chá de arroz cru	210 g
1 xícara de chá de amêndoas	140 g
1 xícara de chá de aveia	80 g
1 xícara de chá de banha	230 g
1 xícara de chá de chocolate em pó	90 g

Informações básicas

1 xícara de chá de coco seco ralado	80 g
1 xícara de chá de farinha de mandioca	150 g
1 xícara de chá de farinha de rosca	80 g
1 xícara de chá de farinha de trigo	120 g
1 xícara de chá de fubá	120 g
1 xícara de chá de maisena	150 g
1 xícara de chá de manteiga	230 g
1 xícara de chá de mel	300 g
1 xícara de chá de óleo	170 g
1 xícara de chá de polvilho	150 g
1 xícara de chá de queijo ralado	80 g
1 xícara de chá de uva-passa	140 g
1 xícara	48 colheres (chá)
1 xícara rasa de açúcar	115 g
1 colher de sopa de manteiga	50 g
1 colher de sopa de farinha	40 g
1 colher de rasa de farinha	10 g
1 colher de sopa de açúcar	12 g
1 colher de sopa rasa de açúcar	20 g
1 colher (sobremesa) açúcar ou farinha	22 ou 23 g
1 colher (chá) de raspa de laranja ou limão	3 g
1 colher (chá) de sal	4 g
1 pitada	O tanto que se pode segurar entre as pontas de dois dedos

Tipos de fermento

É um ingrediente essencial para que as massas fiquem leves, bonitas e menos indigestas.

Fermento biológico: Fermento de pão, daqueles que se compram nas padarias. Existem dois tipos de fermento biológico: o fermento prensado fresco e o fermento biológico seco, ativo ou não, todos usados para crescimento de massas e pães. É um micro-organismo vivo obtido de culturas puras de leveduras (*Saccharomyces cerevisias*) por procedimento tecnológico. A levedura ingere os nutrientes da massa e, como consequência, libera gases e substâncias aromáticas, responsáveis pelo volume, pela textura, pelo aroma e pelo sabor característicos dos pães. Por esse motivo, é sempre necessário deixar a massa descansar após sovar e antes de ir ao forno. É importante lembrar que os fermentos biológicos perdem sua ação a partir de 45º C, razão pela qual se deve evitar submetê-los a essas temperaturas. Da mesma forma, se forem temperaturas baixas, o crescimento dos pães será prejudicado.

Fermento em pó (químico): A marca mais conhecida é Royal, mas há outras boas marcas nas prateleiras dos supermercados. O fermento é formado de uma substância química ou mistura de substâncias químicas que, pela influência do calor e/ou da umidade, produzem desprendimento gasoso capaz de expandir massas elaboradas com farinhas, amidos ou féculas, aumentando-lhes o volume e a porosidade. O fermento químico é o responsável pelo crescimento das massas de bolo, que ocorre por meio de uma reação química durante o forneamento.

Temperatura do forno

O sucesso da receita depende fundamentalmente da temperatura correta do forno. É importante ficar atento e usar a temperatura indicada nas receitas (quando indicadas). Para fornos a gás, bastam de cinco a oito minutos para que cheguem à temperatura necessária. Nunca abra o forno antes do tempo previsto, apenas reduza o fogo à metade para que a quitanda comece a corar. O fogo pode ser desligado aproximadamente 10 minutos antes de retirar o tabuleiro. As temperaturas do forno podem variar conforme as especificações, mas basicamente correspondem a:

Forno muito baixo	120 a 135 °C
Forno baixo, lento, morno ou brando	150 a 160 °C
Forno moderado, esperto ou regular	160 a 190 °C
Forno quente	200 a 220 °C
Forno bem quente ou forte	230 a 240 °C
Forno extremamente quente	270 a 290 °C
Forno morto	depois de apagado

Tamanhos médios de formas para assar

pequena: 30 cm x 20 cm
média: 38 cm x 26 cm
grande: 44 cm x 30 cm

pequena: diâmetro 22 cm
média: diâmetro 26 cm
grande: diâmetro 30 cm

Abóbora

De alto valor nutritivo, a abóbora é rica em betacaroteno e vitamina C, vitaminas do complexo B e vitamina A, tem alto teor de óleo vegetal insaturado e é uma fonte de vitamina E, além de ter sais minerais como cálcio e fósforo. Apresenta pouca gordura e muitas fibras.

Cultivada em todo o mundo, a abóbora fornece polpa e sementes comestíveis. É indicada para pessoas de todas as idades por ser de fácil digestão. Laxativa e diurética, contém sementes tidas como potentes vermífugos. A fruta verde pode ser consumida crua ou cozida e no preparo de receitas doces e salgadas.

Amendoim

O amendoim (*Arachis hypogaea*) – palavra de origem tupi *mandu'wi*, que quer dizer "enterrado" – é uma planta originária da América do Sul que, através dos indígenas, chegou a toda América Latina e depois foi do Brasil para a África e do Peru para as Filipinas, para a China, para o Japão e para a Índia.

As sementes de amendoim proporcionam elevada rentabilidade de óleo de fácil digestão, possuindo alto teor de vitaminas. As vitaminas B1 e B2 são encontradas em proporções consideráveis no amendoim cru, e a vitamina E é encontrada no óleo do amendoim.

Angu

Angu é um prato típico da culinária mineira, preparado apenas com o fubá (farinha) de milho e água, sem a adição de sal. Recebe o nome de angu de fubá ou angu de milho. Em muitas regiões do país, o angu é conhecido como polenta. Levado para a Europa, o milho acabou se incorporando a outras culinárias, principalmente no norte da Itália e a imigração italiana para São Paulo o trouxe de volta em uma versão mais temperada, com o nome de polenta.

Araruta

A araruta ou maranta (*Maranta arundinacea*) é um arbusto originário da América tropical, cultivada há pelo menos 7.000 anos.

Conhecida também como agutingue-pé, araruta-caixulta, araruta comum, araruta--palmeira e embiri, suas folhas têm forma de lanças e são peludas na parte inferior. As flores são brancas e pequenas.

A araruta se destaca na culinária por ser de fácil digestão e recomendada a idosos, crianças pequenas e pessoas com restrições alimentares ao glúten (doença celíaca). De leveza inigualável, os biscoitos feitos com polvilho de araruta derretem na boca. Nas receitas industrializadas, a araruta tem sido substituída pelo polvilho da mandioca ou pela farinha de trigo, porém, as autênticas quitandeiras dos antigos cadernos preferem manter suas quitandas e brevidades com a araruta.

Aveia

Cereal muito nutritivo, possui cálcio, ferro e proteínas, além de vitaminas, carboidratos e fibras. Sua fibra solúvel está relacionada ao bom funcionamento intestinal e à diminuição na absorção, que retarda o esvaziamento gástrico e mantém os níveis adequados de colesterol total e LDL – Colesterol. Estudos dizem que o consumo de aveia está associado ao controle da glicemia, à diminuição da formação de placas de gorduras e ao controle da pressão arterial; é também regulador do trânsito intestinal.

Banana

A bananeira é originária do sul da Ásia e da Indonésia e se adaptou muito bem ao solo brasileiro. Seu fruto, a banana, é a fruta mais popular do Brasil. A banana tem alto valor nutritivo, é rica em açúcar e sais minerais, principalmente cálcio, fósforo, ferro e vitaminas A, B1, B2 e C. Como quase não tem gordura, é indicada nas dietas baixas em colesterol. Pode ser consumida ao natural ou usada nos mais variados tipos de prato: quentes ou frios, assados ou fritos. A banana deve ser conservada em lugar fresco e seco, fora da geladeira, pois perde o sabor e se deteriora com facilidade.

Existem cerca de 100 tipos de banana cultivadas. No Brasil, as mais conhecidas são:

Banana-nanica (ou banana-d'água, banana-da-china, banana-anã ou banana-chorona) – tem casca fina e amarelo-esverdeada e polpa doce, macia e de aroma agradável.

Banana-prata – tem fruto reto, casca amarelo-esverdeada, de cinco facetas, e polpa menos doce que a da banana-nanica, é mais consistente e indicada para fritar.

Banana-da-terra – achatada num dos lados, tem casca amarelo-escura, com grandes manchas pretas quando madura e polpa bem consistente, de cor rosada e textura macia e compacta. É mais rica em amido do que açúcar, o que a torna ideal para cozinhar, assar ou fritar.

Banana-maçã – tem casca fina, amarelo-clara, e polpa branca, bem aromática, de sabor muito apreciado. Recomendada como alimento para bebês, muito usada amassada e misturada com aveia ou farinhas enriquecidas.

Banana-de-são-tomé – existem dois tipos: roxa ou amarela. São pouco apreciadas, devido à polpa amarela e ao cheiro muito forte. Recomendadas para consumo cozidas, fritas ou assadas e para doces.

Banana-ouro – é a menor de todas as bananas. Tem forma cilíndrica, casca fina de cor amarelo-ouro, polpa doce, de sabor e cheiro agradáveis. É muito usada para fazer croquetes.

Batata

A batata é um tubérculo, da família Solanaceae. Originária do Peru, é cultivada há cerca de 7.000 anos. Nos países andinos, existem mais de 200 variedades diferentes, mas comprovou-se que todas as variedades descendem de uma única. Em 1570, a batata foi levada para a Espanha, de lá se disseminando para a Europa e depois para todo o mundo. A batata é rica em carboidratos e pobre em gordura. Fonte de energia, contém sais minerais, vitaminas do complexo B e C e é importante fonte de fósforo.

Batata-doce

A batata-doce é uma raiz tuberculosa da espécie Ipomoea da família das convulváceas. É uma planta rasteira, nativa da América. No Brasil, há quatro tipos: batata-branca, também conhecida como angola ou terra-nova, que tem a polpa bem seca e não muito doce; batata-amarela, de sabor mais doce; batata-roxa, com poupa roxa, usada no preparo de doces; e batata-doce-avermelhada, conhecida também como coração-magoado.

A batata-doce contém muitas calorias e é rica em carboidratos. Possui alta taxa de vitamina A (sobretudo a amarela e a roxa), do complexo B e alguns sais minerais, como cálcio, ferro e fósforo. Suas folhas podem ser preparadas como qualquer outra verdura de folha.

Baunilha

A baunilha (*Vanilla fragrans*) é uma planta que pertence à família das orquídeas, nativa da América Central. Era usada pelos astecas para aromatizar uma bebida sagrada, o chocolate. Os espanhóis tentaram levar a baunilha para ser cultivada na Espanha, mas, por falta de insetos para a polarização, não ocorria a formação das favas. Somente em 1836, quando o botânico Charles Morren conseguiu a polinização artificial, é que a baunilha se difundiu. Hoje, qualquer doce fino utiliza esse aromatizante natural, principalmente os que utilizam cremes e ovos.

Bicarbonato de sódio

Bicarbonato de sódio é um pó branco que, por aquecimento, perde gás carbônico. É muito usado em bebidas e sais efervescentes, como fermento químico; para preservação da manteiga e de madeiras; como antiácido em caso de indigestão; em curtumes; no tratamento de lã e da seda; entre outros usos.

Canela

A canela (*Cinnamomum zeylanicum*) pertence à família Lauraceaeé e é nativa do Sri Lanka. O nome científico, *cinnamomum*, significa madeira doce. A caneleira é uma árvore conhecida há mais de 4.500 anos. Foi usada na Antiguidade pelos gregos, romanos e hebreus para aromatizar o vinho e com fins religiosos. É simbolicamente ligada ao amor e à sabedoria, sendo empregada como ingrediente para perfumes e poções mágicas.

Medicinalmente, é usada como adstringente, afrodisíaca, antisséptica, aromática, digestiva, estimulante, hipertensora, sedativa, tônica e vasodilatadora. Na culinária, é usada como condimento na carne; no preparo de doces, pães, bolos, tortas de frutas, cremes e panquecas e em bebidas quentes como o chocolate e o café.

Cebola

A cebola (*Allium cepa* L.) é originária do centro da Ásia. Foi trazida para as Américas pelos seus primeiros colonizadores. A cebola faz chorar porque, ao ser cortada, libera um gás que produz ardor. Em resposta a essa irritação, as glândulas lacrimais entram em ação para diluir e lavar a irritação. Para reduzir a liberação do gás é recomendável molhar as mãos e a cebola antes de cortá-la ou deixá-la na geladeira antes de cortá-la. O cheiro das mãos pode ser eliminado com limão. A cebola apresenta efeitos medicinais como antioxidante, anti-inflamatório, protetor cardíaco, analgésico, antialérgico, anticâncer, antidiabético, antiúlcera, entre outros.

Cenoura

É uma hortaliça da família Apiaceae, do grupo das raízes tuberosas, originária da Europa e da Ásia. Apresenta alto conteúdo de vitamina A, vitaminas do complexo B, que ajudam a regular o sistema nervoso e a função do aparelho digestivo, além dos sais minerais: fósforo, cloro, potássio, cálcio e sódio, necessários ao bom equilíbrio do organismo. Tem textura macia e paladar agradável. Além do consumo ao natural, é utilizada na forma processada (minicenouras, cubos, ralada, em rodelas) ou na forma de seleta de legumes, alimentos infantis e sopas instantâneas.

Cenoura-amarela

Cenoura-amarela, mandioquinha, também conhecida por mandioquinha-salsa, batata-baroa, batata-salsa. É uma raiz tuberosa, pertencente à família Apiácea, como a cenoura, a salsa, o coentro, o anis, o salsão ou aipo e o funcho. Originária dos países andinos, veio para o Brasil no início do século XX, provavelmente da Colômbia. Rica em fósforo e vitamina A, é uma importante fonte de energia em razão de seu alto teor de carboidratos. Graças à fácil digestibilidade, é amplamente recomendada para alimentação de crianças, pessoas idosas e convalescentes.

Cerveja

Cerveja é qualquer uma das variedades de bebidas alcoólicas produzidas pela fermentação de matéria com amido, derivada de cereais ou de outras fontes vegetais. A atualmente conhecida é produzida a partir da fermentação de cereais maltados, como a cevada, a qual, se acredita, foi a primeira bebida alcoólica desenvolvida pelo homem, desde pelo menos 4.000 a.C. As cervejas costumam ter entre 4% a 5% de teor alcoólico.

Coco

O coco (*Cocos nucifera* L.), fruto do coqueiro. Seu valor nutritivo varia de acordo com o seu estado de maturação e com a parte utilizada. À medida que a polpa amadurece, aumenta seu teor de gorduras. Do coco, que é rico em proteínas, gorduras, calorias, sais minerais, hidratos de carbono e vitaminas A, B1, B2, B5 e C, tudo se aproveita.

A polpa branca e a água podem ser consumidas quando o fruto ainda está verde ou depois de maduro. Da polpa madura, extrai-se óleo e leite. A gordura é usada na alimentação e no fabrico de sabão, cosméticos, detergentes e margarina. A água contém sais minerais (sódio, potássio e cloro) e glicose. A gordura do coco tem características diferentes das demais gorduras vegetais, parecendo-se mais com as gorduras animais. O leite de coco, extraído da polpa fresca ralada e prensada, é rico em gordura e sais minerais, contendo também pequena porcentagem de proteínas. Puro ou com água, é usado para preparar pratos doces e salgados. Da casca dura da noz, fazem-se objetos de artesanato.

Farinha de trigo integral

A farinha integral é obtida da moagem dos grãos de trigo, contendo casca, germe e endosperma e alto teor de fibra. Pode substituir a farinha branca no preparo de bolos, pães, macarrão, bolinhos, cremes, biscoitos, tortas, etc., apresentando vantagens nutritivas para a alimentação. É rica em vitaminas do complexo B, vitamina E, gordura e proteína e contém mais traços minerais e fibras do que a farinha branca.

Figo

A figueira (*Ficus carica L.*) é uma frutífera pertencente à família Moraceae, originária da região arábica mediterrânea. Considerada uma árvore sagrada desde a Antiguidade, é cultivada como símbolo de honra. Seus frutos têm estrutura carnuda e suculenta e coloração que vai do branco-amarelado até o roxo.

O figo é rico em açúcar e sais minerais: potássio, cálcio e fósforo, que contribuem para a formação de ossos e dentes, evitam a fadiga mental e contribuem para a transmissão normal dos impulsos nervosos.

A água de figos (secos ou frescos), tomada em jejum, normaliza a função intestinal e auxilia a expulsão de vermes intestinais. O figo é recomendado para os que sofrem de doenças do fígado e da vesícula biliar. Já os que sofrem de acidez do estômago, artrites ou são obesos devem evitá-lo.

Gengibre

O gengibre (*Zingiber officinale*) é uma planta asiática, que chegou à Europa com as Cruzadas e, curiosamente, aparece em muitas receitas de um livro de culinária da realeza inglesa datado do século XIV. É delicioso em pratos picantes ou doces e nas bebidas. Seu sabor varia conforme o uso. A raiz fresca tem um sabor delicado e leve, enquanto o sabor da raiz cristalizada é mais concentrado.

É usado como medicamento em chás contra gripes, tosse, resfriado; em banhos e massagens como óleo para tratamentos de coluna e articulações, contra os sintomas de gota, artrite e dores de cabeça. O gengibre tem ação bactericida, é desintoxicante e tem poder afrodisíaco.

Goiaba

A goiaba, uma fruta nativa da América Setentrional, tem grande valor nutritivo. É rica em vitamina C, vitamina A e vitaminas do complexo B, além de sais minerais, como cálcio, fósforo e ferro.

É excelente para doces, sorvetes, coquetéis e a famosa goiabada. Não tem muito açúcar e quase nenhuma gordura, sendo indicada para qualquer tipo de dieta. De preferência, deve ser comida crua, pois é a forma em que conserva todas as suas propriedades nutritivas.

Inhame

Originário da região indo-malaia, o inhame foi trazido ao Brasil pelos portugueses. Grande fonte de energia, é rico em carboidratos, betacaroteno e em sais minerais: cálcio, fósforo e ferro; vitaminas do complexo B, principalmente B1 e B5, e pobre em gorduras. Fortalece o sistema imunológico, faz bem para ossos e dentes; evita problemas da pele, do aparelho digestivo e do sistema nervoso.

O inhame pode ser consumido cozido, como substituto da batata, ou na forma de purês e sopas e na fabricação de pães. Existem vários tipos de inhames: o inhame-branco, o inhame-bravo, o inhame-cigarra, o inhame-da-China, ou inhame-cará, e o inhame-taioba.

Laranja

A laranjeira é originária da Ásia e foi levada à Europa pelos portugueses. A palavra "laranja" vem do persa. A laranja é rica em vitaminas do complexo B, vitamina A e vitamina C, contém importantes nutrientes: sais minerais, principalmente cálcio, potássio, sódio e fósforo.

A laranja deve ser guardada em lugar fresco e arejado, de preferência fora da geladeira. Para cortar a laranja, use somente faca de aço inoxidável. Outros metais oxidam a vitamina C, nutriente que se perde com facilidade. No Brasil, as variedades mais cultivadas e conhecidas de laranjas são:

Laranja-baía (ou laranja-de-umbigo) – tem sabor adocicado, polpa suculenta e casca amarelo-gema. Usada em sucos, ao natural, em refrescos ou em pratos especiais. Contém a maior quantidade de vitamina C.

Laranja-da-terra – tem cor amarelo-forte com tons avermelhados, forma achatada e não é muito grande. De sabor ácido e polpa suculenta, pode ser consumida em forma de suco, mas é indicada para compotas e doces.

Laranja-lima – é a menos ácida, sendo, por isso, recomendada aos bebês. Tem casca fina de cor amarelo-clara, sabor suave e doce e polpa suculenta. Deve ser comida ao natural e não presta para outros preparos culinários.

Laranja-seleta – quase do tamanho da laranja-da-baía, é bem suculenta, tem sabor adocicado, pouco ácido, e casca amarelo-clara. Excelente para ser consumida ao natural ou em sucos.

Laranja-pera – menor que as outras variedades, tem casca fina e lisa, cor amarelo-avermelhada e polpa suculenta. Tem sabor adocicado e é especial para o preparo de sucos, geleias e bolos.

Limão

Originário da região sudeste da Ásia, o limoeiro (*Citrus x limon*) veio para o Brasil com os colonizadores e popularizou-se durante a gripe espanhola, no início do século XX. É uma árvore pequena, muito ramificada, da família das rutáceas. Frutifica durante todo o ano, em quase 70 variedades, que mudam no tamanho e na textura da casca, podendo ser lisa ou enrugada. Quanto à cor, variam do verde-escuro ao amarelo-claro.

Muito rico em vitamina C, contém as vitamina A, PP, B1, B2 e B3, a provitamina A, sais minerais, cálcio, ferro, silício, fósforo, cobre, magnésio e iodo, entre outros. As suas aplicações são inúmeras, sendo usado tanto na alimentação, em sucos, doces, molhos, xaropes, sorvetes, bebidas e aperitivos, até como remédio e em produtos de limpeza. Da casca, retira-se uma essência aromática usada em perfumaria e no preparo de licores.

Maçã

De regiões temperadas, a maçã é um pseudofruto pertencente à família Rosaceae. Muito saborosa, tem alto valor nutritivo; é rica em quercetina, contém vitaminas B1, B2, niacina e sais minerais como fósforo e ferro. Recomendada para pessoas com problemas de intestino, obesidade, reumatismo, gota, diabetes, enfermidades da pele e do sistema nervoso; é também considerada uma espécie de escova de dentes natural. A sua casca seca é empregada como chá para purificar o sangue e como diurético. Para melhor aproveitamento das suas vitaminas, o ideal é consumi-la ao natural, com casca, pois é nela que está a maior parte das suas vitaminas e dos sais minerais.

Maisena

Maisena é o amido de milho, uma farinha branca derivada do milho. Serve para fazer mingau, sendo um excelente alimento para bebês. Também pode ser usado para prevenir assaduras, fazer cola (misturando com água) e tinta, além do seu amplo uso na culinária.

Mandioca

A origem do nome "mandioca" vem de uma lenda Tupinambá sobre a deusa Mani, de pele branca, que encontrou sua morada (oca) na raiz dessa planta. No Brasil, os nomes variam de região para região: aipi, aipim, aimpim, candinga, castelinha, macamba, macaxeira, macaxera, mandioca-brava, mandioca-doce, mandioca-mansa, maniva, maniveira, moogo, mucamba, pão-da-américa, pão-de-pobre, pau-de-farinha, pau-farinha, tapioca, uaipi, xagala. A mandioca tem alto valor energético e possui sais minerais (cálcio, ferro e fósforo) e vitaminas do complexo B. Existem diversas espécies da planta, que se dividem em mandioca-doce e mandioca-brava ou amarga, de acordo com a presença de ácido cianídrico, que é venenoso se não for destruído pelo calor do cozimento ou do sol.

Milho

O milho é um dos três cereais mais consumidos na alimentação humana, constituindo um alimento tradicional da dieta de vários povos, principalmente os descendentes das civilizações asteca, maia e inca.

O milho é rico em carboidratos, essencialmente o amido, o que o caracteriza como alimento energético, mas outros importantes nutrientes também estão presentes, como os lipídios, as proteínas, as

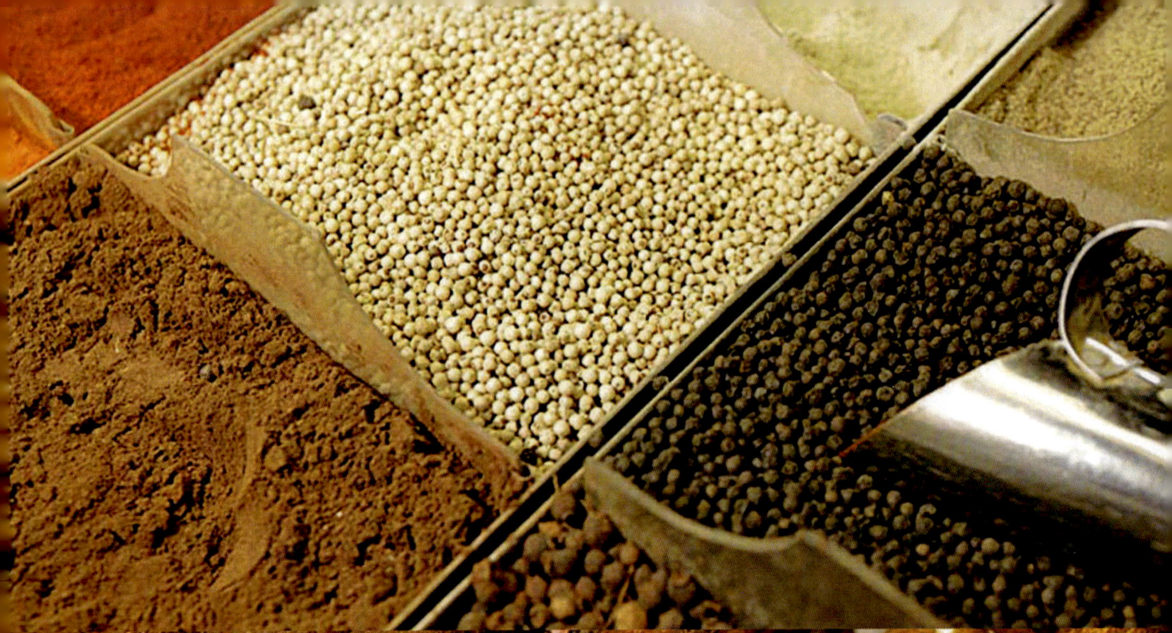
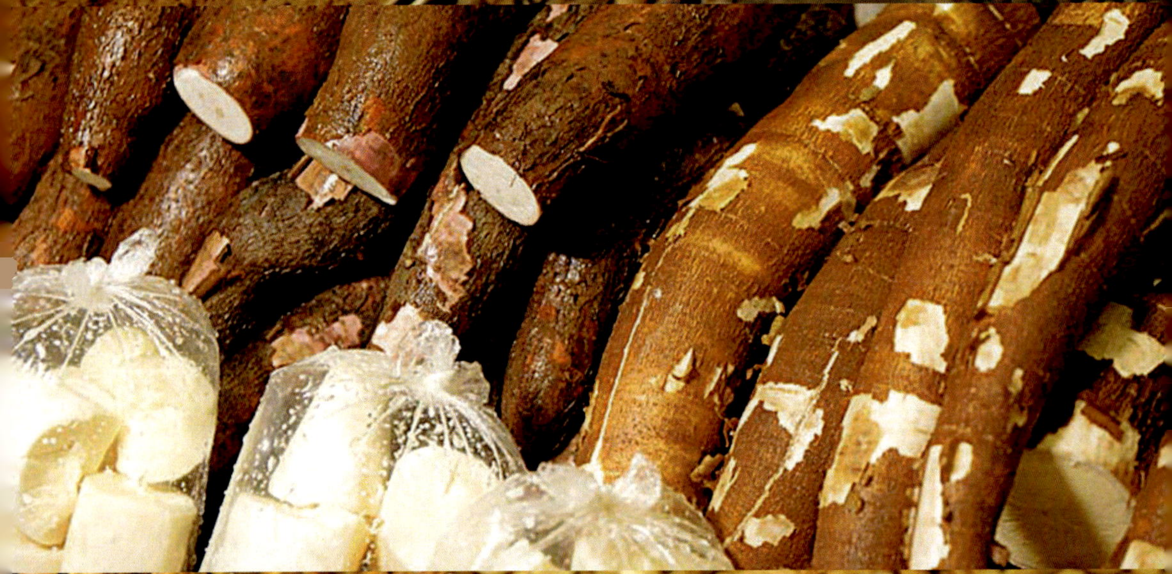
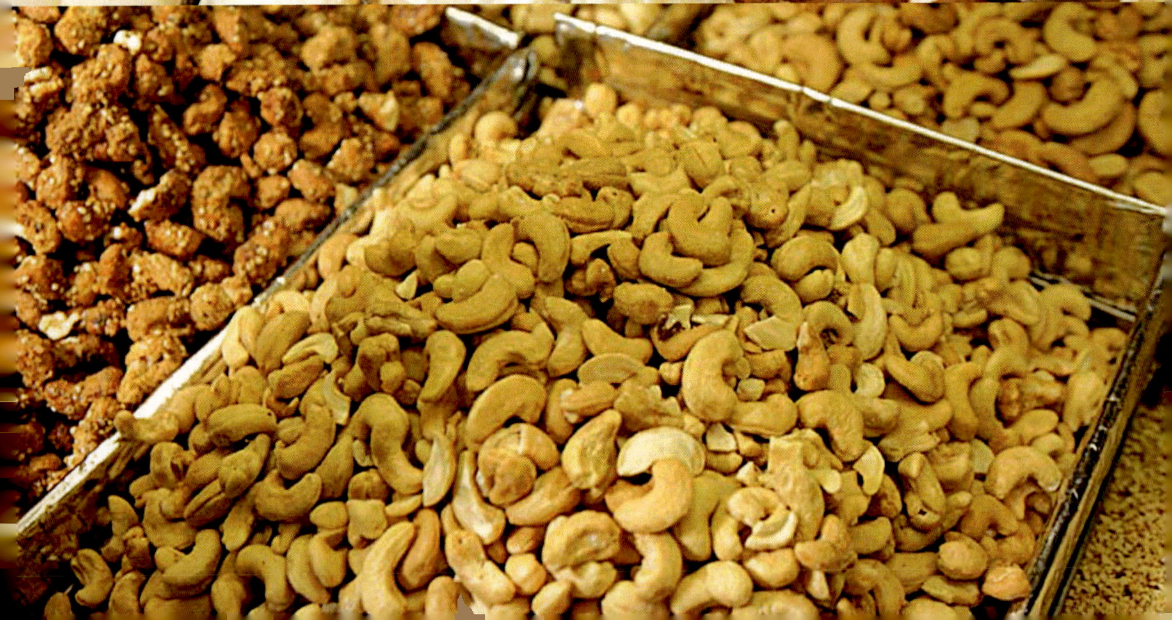

vitaminas, com destaque para a B1, a B2, a vitamina A e o ácido pantotênico, além dos minerais: fósforo e potássio. Ao contrário do trigo e do arroz, que são refinados durante seus processos de industrialização, o milho conserva sua casca, que é rica em fibras. Pode ser consumido nos vários estágios de sua maturação: moído (fubá), socado, quebrado, como componente para a fabricação de balas, biscoitos, pães, chocolates, geleias, sorvetes, maionese e até na cerveja. Na fabricação dos pães, é opção para portadores da doença celíaca, por não conter a proteína glúten.

Moranga

Originária da América do Sul, a moranga, também conhecida como abóbora-jerimum, já era consumida pelas civilizações pré-colombianas e pelos indígenas brasileiros antes da chegada dos portugueses. Tem planta rasteira com folhas arredondadas verdes, sem manchas; o pedúnculo do fruto é esponjoso, cilíndrico, e não se abre ao atingir o fruto. A moranga é rica em vitaminas e sais minerais de fácil digestão; é usada no preparo de doces, sopas, refogados, suflês, nhoques, pães, bolos, purês, sorvetes. Compõe bem cozidos, feijoadas, assados, sopas ou purês. Crua e ralada, constitui saladas leves e saborosas.

Morango

O morango é o fruto de uma planta da família Rosaceae, a mesma das rosas, maçãs, peras e cerejas. É uma planta nativa das terras temperadas da Europa, mas cultivada em quase todo o mundo. A fruta é saborosa e de alto valor nutritivo: rico em vitaminas A, B, B2, C; sais minerais: ferro, magnésio, potássio e cálcio, que são diuréticos e facilitam a excreção do ácido úrico. O morango, pobre em calorias, é próprio para consumo ao natural ou em compotas, geleias, doces ou sucos.

Nata

A nata, ou creme de leite, é a camada que tem 30% da gordura do leite. Forma-se naturalmente na superfície do leite, quando as gotículas de matéria gorda se reúnem, por serem mais leves que a água.

Da nata faz-se a manteiga, misturando o sal e batendo bem, ou o creme chantili, misturando-a a um açúcar muito fino.

Ovo

O ovo de galinha é um alimento indispensável na cozinha. Tem alta digestibilidade e valor nutritivo muito elevado, em razão de seu alto teor de proteínas, gorduras, sais minerais e vitaminas. Muito versátil, entra tanto em pratos salgados como na doçaria.

A clara é rica em proteínas (albumina) de muito boa qualidade e vitamina B2. Graças à sua capacidade de incorporar ar quando batida e de aumentar de volume, torna maiores e mais fofos os purês, bolos e pudins. A gema, de cor amarelada e de aspecto globular, é rica em gordura e em colesterol e contém algumas proteínas; possui propriedades emulsionantes e anticristalizantes que fazem dela um bom ingrediente para ligar molhos e cremes, além de lhes proporcionar uma cor mais agradável.

Polvilho

O polvilho é obtido por meio da fermentação natural da mandioca. Conhecido também como fécula, amido da mandioca ou goma, é extraído com a decantação da água de lavagem da mandioca ralada.

O polvilho é classificado em doce e azedo, tendo por base apenas o teor de acidez. Na fabricação de pão de queijo não há diferença significativa quando se utiliza polvilho azedo ou doce. Apenas é possível observar que o pão de queijo feito com polvilho azedo apresenta maior volume, textura mais porosa, miolo mais esponjoso, leve e elástico, casca lisa e uniforme quando comparado ao pão de queijo produzido com polvilho doce.

Queijo

É um alimento antigo, de sabor típico, apreciado desde a Antiguidade. Derivado do leite cru, sem qualquer aquecimento ou resfriamento, é coado e coagulado à sua temperatura natural. No processo de produção, é retirado o soro, moldado, prensado, levado à salmoura e à maturação.

No Brasil há grande variedade de queijos, por causa dos fatores climáticos, de solo, da alimentação e da raça das vacas. Há queijos tipicamente brasileiros e outros assimilados dos imigrantes franceses, dinamarqueses, italianos e, mais recentemente, de hábitos alimentares americanos e ingleses.

O queijo de minas surgiu, de forma caseira, da necessidade de se aproveitar toda a produção leiteira no período colonial, numa adaptação da herança cultural, oriunda da Serra da Estrela, Portugal. Os mais tradicionais são classificados como frescal (sem maturação), meia-cura (20 a 30 dias de maturação) e curado (com maturação superior a um mês e em condições ambientes).

Minas Gerais produz atualmente mais de 26 mil toneladas de queijo por ano. O modo artesanal de fazer o queijo, principalmente nas regiões serranas, é uma tradição diária reconhecida pelos brasileiros, cuja técnica foi registrada como patrimônio cultural imaterial pelo Conselho Consultivo do Instituto do Patrimônio Histórico e Artístico Nacional (Iphan) em 2008.

O queijo é um alimento fornecedor de nutrientes essenciais a uma alimentação saudável: proteínas, vitaminas (vitamina A e do complexo B – principalmente a tiamina e a riboflavina) e sais minerais, com especial destaque para o cálcio, que ajuda a evitar as cáries dentárias e previne o risco de osteoporose, e o fósforo.

Rapadura

A rapadura é obtida pela concentração a quente do caldo da cana-de-açúcar (*Saccharum officinarum*) após moagem, fervura, moldagem e secagem. Também chamada de "raspadura" (do verbo raspar), originou-se das crostas de açúcar presas às paredes das tachas durante sua fabricação, retiradas pela raspagem e moldadas como tijolos. A rapadura é rica em vitaminas, ferro e flúor, potássio, cálcio e fósforo e possui alto teor energético. É um produto natural e orgânico.

A fabricação da rapadura iniciou-se na Ilha das Canárias, possivelmente no século XVI, constituindo-se uma solução prática de transporte de alimento em pequena quantidade para uso individual. Como o açúcar comumente umedecia-se e melava, o ladrilho de rapadura acompanhava o viajante, nas sacolas, por ser de fácil de transportar e de ser acomodado, além de resistir durante meses às mudanças atmosféricas.

Sal amoníaco

Nome oficial: cloreto de amônio. Sólido incolor ou branco, cuja fórmula química é NH_4Cl. É usado na culinária e também na preparação de algodão para ser tingido e pintado.

Trigo

O trigo (*Triticum aestivum*) é uma gramínea, um cereal de fruto oval originário da antiga Mesopotâmia. O grão é consumido na forma de pão, massa alimentícia, bolo e biscoito e produtos de confeitaria.

Os alimentos derivados do trigo são boas fontes de carboidratos complexos, uma forma de alimento com capacidade energética, que vai sendo liberada devagar após ter sido ingerida. Contém proteínas, B-vitamina, ferro, zinco e traços de outros elementos, além de fibra alimentar.

As primeiras sementes de trigo foram trazidas ao Brasil por Martim Afonso, em 1534, e foram plantadas na Capitania de São Vicente, a partir da qual se estenderam pelo planalto na direção sul, onde as condições climáticas eram mais favoráveis.

Índice remissivo

Quitandas

Biscoitinhos argolinhas	15
Biscoitinhos de araruta	18
Biscoito de aveia	41
Biscoitinhos de coco	17
Biscoito amanteigado	27
Biscoito amarelinho	37
Biscoito casadinho	37
Biscoito caseiro	23
Biscoito da Macryna	21
Biscoito da Vovó	20
Biscoito de batata-doce	36
Biscoito de bicarbonato	15
Biscoito de bicarbonato	34
Biscoito de cerveja	40
Biscoito de coalhada	27
Biscoito de coco	17
Biscoito de copo	29
Biscoito de copo	30
Biscoito de farinha de milho	41
Biscoito de fubá	21
Biscoito de gengibre	35
Biscoito de gengibre e canela	35
Biscoito de laranja	26
Biscoito de maisena	31
Biscoito de maisena	31
Biscoito de maisena	40
Biscoito de nata	29
Biscoito de Oliveira	20
Biscoito de pires	23
Biscoito de polvilho	18
Biscoito de queijo	31
Biscoito de queijo	85
Biscoito de rapadura	23
Biscoito de sal amoníaco	39
Biscoito do Vovô	20
Biscoito em forma de S	18
Biscoito escaldado	39
Biscoito Floriano Peixoto	31
Biscoito fortuna	30
Biscoito frito	40
Biscoito integral	40

Biscoito João Brum	32	Bolo de cascas de banana	70
Biscoito misturado	36	Bolo de castanha-do-pará	81
Biscoito palito	24	Bolo de cenoura	73
Biscoito papudo	35	Bolo de cenoura	73
Biscoito petropolitano	32	Bolo de cenoura com queijo (sem açúcar)	81
Biscoito veludo	30	Bolo de cenoura vermelha	73
Biscoitos da Sinhá	22	Bolo de claras	65
Biscoitos da Tia Bely	22	Bolo de farelo de aveia e maçã	77
Biscoitos de angu	34	Bolo de frutas	80
Biscoitos de cachaça	34	Bolo de fubá	66
Biscoitos de clara	15	Bolo de fubá caipira	67
Biscoitos de coco	17	Bolo de fubá com queijo	67
Biscoitos de leite de coco	15	Bolo de fubá cozido	66
Biscoitos de nata	29	Bolo de laranja com casca	63
Biscoitos fofos	24	Bolo de maçã	77
Biscoitos fritos Santa Amélia	41	Bolo de maçã, aveia e canela	78
Biscoitos Rainha	21	Bolo de maçã e canela	78
Biscoitos tenros	26	Bolo de maisena	71
Biscoitos turcos	26	Bolo de maisena	71
Biscoutinhos	36	Bolo de mandioca crua	75
Biscouto Mariquinhas	34	Bolo de mandioca e coco	75
Biscoutos "mysteriosos"	39	Bolo de mel	78
Bolacha Marina	84	Bolo de mel	80
Bolachas mineiras	84	Bolo de milho	76
Bolachinha	85	Bolo de milho verde	76
Bolachinha de nata	85	Bolo de nozes	80
Bolachinhas	83	Bolo de queijo de minas	68
Bolachinhas Chiquita	84	Bolo de rapadura	76
Bolinha de queijo	45	Bolo do campo	65
Bolinho frito de fubá	45	Bolo dois	74
Bolinhos suíços	83	Bolo formigueiro	66
Bolo 5-10-15	74	Bolo majestoso	65
Bolo 10 copos	77	Bolo mineiro	68
Bolo chávena	67	Bolo tentação	74
Bolo comum	65	Bolo Tio Juca	71
Bolo cremoso de mandioca	75	Bom-bocado de fubá	88
Bolo d'água	81	Brevidade	86
Bolo da mineira	79	Brevidade	86
Bolo de banana	68	Broa da Aninha	91
Bolo de banana	70	Broa da Tia Bia	95
Bolo de banana	70	Broa de amendoim	97
Bolo de batata-doce	63	Broa de cará	97
Bolo de baunilha	63	Broa de fubá de canjica	92
Bolo de canela	74	Broa de fubá de canjica	92

Broa de fubá de canjica	92
Broa de fubá e polvilho	89
Broa de milho	95
Broa de queijo	91
Broa de queijo	95
Broas fofas e crespas	96
Broinha de fubá	88
Broinha de fubá de canjica	89
Broinha Santa Bárbara	89
Broinhas 11 xícaras	88
Broinhas de nata	91
Casadinhos	37
Cavaquinhos	41
Craknel	45
Cubu	99
Cuca deliciosa Dirce	86
Cuscuz	97
Diplomatas	42
Goiabinha	83
Palito franciscano	27
Pamonha de forno	100
Pamonha doce	99
Pamonhas de queijo	100
Pão de frutas	54
Pérolas divinas	42
Quebra-quebra	24
Quebra-quebra	24
Queca	96
Rosca	47
Rosca caracóis	47
Rosca caseira	48
Rosca da Dalila	53
Rosca da Dalva	51
Rosca da Rainha	53
Rosca da Vovó	55
Rosca de cenoura	48
Rosca de coco e canela	51
Rosca de leite condensado	48
Rosca de mandioca	50
Rosca de mandioca com recheio	50
Rosca de moranga	53
Rosca fantasia / pão de frutas	54
Rosquinha amanteigada	60
Rosquinha de cachaça	62
Rosquinha de leite	60
Rosquinha de nata amanteigada	60
Rosquinha de sal amoníaco	55
Rosquinhas	55
Rosquinhas à moda	56
Rosquinhas da quaresma	59
Rosquinhas de coco	56
Rosquinhas deliciosas	59
Rosquinhas de nata	62
Rosquinhas mineiras (diet)	59
Rosquinhas ótimas	56
Rosquinhas sem ovos	60
Saudades ternas	85
Sequilhos caprichosos	44
Sequilhos da D. Cota	44
Sequilhos de araruta	42
Sequilhos de fubá	42
Sequilhos de maisena	44
Sonho de banana	101
Sonho de laranja	101
Sonhos da Vovó	101
Sonhos de fubá mimoso	100
Sonhos mineiros	101
Tarecos	100

O pão de queijo

Pão de queijo	105
Pão de queijo assado na folha de bananeira	106
Pão de queijo colonial	105
Pão de queijo D. Anna	105
Pão de queijo de inhame	106

Pães

Pãezinhos de batata	118
Pãezinhos de batata da Zoé	118
Pão completo	114
Pão de batata	119
Pão de batata inglesa	118
Pão de casa	108
Pão de canela	108
Pão de cebola	114

Pão de cebola da Beth	116
Pão de cenoura amarela	116
Pão de ló de laranja	114
Pão de mel	110
Pão de mel com passas	109
Pão de mel Santa Bárbara	111
Pão de minuto	109
Pão de minuto	109
Pão de minuto	109
Pão de moranga	116
Pão doce	110
Pão dos gulosos	111
Pão folhado	117
Pão integral da Marilene	113
Pão integral do "seu" Ildeu	113
Pãozinho de nata	119
Pãozinho de nata	119
Pãozinho de sal	108
Pãozinho fofo	117

ABDALA, Mônica Chaves. *Receita de mineiridade: a cozinha e a construção da imagem do mineiro.* Uberlândia: Edufu, 1977.

BENTA, Dona. *Comer bem.* São Paulo: Companhia Editora Nacional, 1975.

BETTO, Frei. *Comer como um frade; divinas receitas para quem sabe que temos um céu na boca.* Rio de Janeiro: Francisco Alves, 1995.

CADERNOS de receitas, manuscritos, de tias, avós e amigas.

CASCUDO, Luis da Câmara. *História da alimentação no Brasil.* Belo Horizonte: Itatiaia, 1983. 2 v.

CHRISTO, Maria Stella Libânio. *Fogão de lenha: 300 anos de cozinha mineira.* Petrópolis: Vozes, 1978.

CHRISTO, Maria Stella Libânio. *Minas de forno & fogão.* São Paulo: Ática, 1984.

COMIDA DI BUTECO; os 41 butecos de 2007. Belo Horizonte: Autêntica, 2007.

FRIEIRO, Eduardo. *Feijão, angu e couve.* Belo Horizonte: Itatiaia, 1982.

SAINT-HILAIRE, Auguste. *Viagens pelas províncias de Rio de Janeiro e Minas Gerais.* São Paulo: Companhia Editora Nacional, 1938. 2 v.

OLIVEIRA, Raimundo de. *Coisas de Minas: a culinária dos velhos cadernos.* Brasília: Editora Senac, 2005.

ROMIO, Eda. *Brasil 1500-2000: 500 anos de sabor.* São Paulo: ER Comunicações, 2000.

Este livro foi composto com tipografias Goudy e impresso
em papel Couché 115 g/m² na Artes Gráficas Formato.